# 市民自治の制度開発の課題

## ― 自治のルールと自治体法務 ―

企画・編集

山梨学院大学行政研究センター

JN313043

公人の友社

もくじ

# はしがき

この冊子は２００５年11月17日に山梨学院大学行政研究センター、同大学院社会科学研究科共催で行われた「市民自治の制度開発の課題」と題するシンポジウムの記録です。

当行政研究センターはこれまで毎年、政策課題研究や職員研修、市町村合併など行政に関する課題をとりあげ、公開シンポジウムを行ってきました。２００５年度は地方分権がいわれて久しい昨今、平成の市町村合併がかなり進行してきたことを受け、ローカル・ガバナンスを実現する上で不可欠なルールづくりをテーマとして取り上げました。新しい自治のあり方、とくに自治基本条例、自治体法務そして地方議会のあり方を3本の柱として展開しています。この3つのサブテーマをそれぞれ第一人者といわれる人たちをパネリストにして大いに語っていただきました。

シンポジウムは幸いにして、自治体職員や女性団体、一般市民ほか、本学の学生多数の参加を得て、熱心かつ活発に行われ、「展開されました。その進め方はパネリストのそれぞれが報告を行うたびにあとの2人のパネリストがコメント、質問を行うといったものです。そこでは一般聴衆が容易には気がつかない遠慮のない問い詰めがなされ、かなり濃厚な議論が行われました。その結果、このテーマのもつ議論の広がりと豊かさが聴衆にも認識でき、会場からも活発な質問が出て、「場内が大きな興奮と熱気に包まれるという状況が生まれました。そういう意味で大盛会といってよいシンポジウムになったと思います。

この冊子が今度の市民自治を考える資料として活用していただけると幸いです。

２００６年5月

山梨学院大学行政研究センター所長（司会）　中井　道夫
山梨学院大学大学院社会科学研究科長　我部　政男

# Ⅰ

# 市民自治の制度開発

## ──その現状を考える

辻山　幸宣（地方自治総合研究所）

## 1　分権型社会への道標

「市民自治のシステム」について急速にさまざまな実験が行われるようになって参りました。場所によっては市民参加に関する条例を作ろう、まちづくりのルールになる条例を作ろう、あるいはもっと総括的に一気に、自治基本条例で全体像を描いてみてはどうかという動きも出て参りました。

ともあれ、ここ数年間、市民自治の有り様を巡って大きな議論と実験が行われているのはなぜかについて最初にお話を致します。

私の見るところ、それは戦後50年間、１９９０年代の最初ぐらいまで続いてきた、この国の「日本型再分配システム」と言いますか「縦型の統治システム」が終末を迎えていることと関連している。言葉を換えて言えば、「ガバメント機能による国の統治」、例えば農村・漁村・過疎地・大都市、さまざまな地域の人々、あるいは農業・工業、その他さまざまな職業の人たち、この多様な利益をできるだけ幅広く実現していくというシステムが、限界に来たのではないかと考えられます。

これまでは、中央に集められた「財」を、公共事業などを通じて地方へ分配していく活動がこの国の政権システムを維持してきたと考えられます。

では、そのような「日本型再分配システム」をどこが担っていたかと申しますと、主として中央政界における「仕切られた政治空間」、例えば土建業界であれば、旧建設省とそこに属する自民党の建設族の議員たち、それにつながる業界の人々で閉ざされた空間を作って、その空間内での調整・取引というかたちで実現していく。それぞれの業界の「仕切られた政治空間」が自らの利益を最大化しようと思って頑張るものですから、幅広く利益を全国に分配していくことが可能でした。しかも、それを支えたのは高度経済成長による果実の追加的な正の配分でした。

こういう中で、国民の多くはその分配構造に依存し、ときに要求というかたちでそこへの意思を表明するという行動を取りがちでした。それは地方自治体においても同じで、住民たちが何らかの回路を通じて自治体にものごとを要求して、その政策の実現を期待するやり方です。これによく政府はこたえてきたと思います。このようにして、国民の依存や要求に政府がこたえていくというかたちで、実はこの国の公共性が充足されてきた。相当程度、公共サービスの水準も高まってきたと言えそうです。

しかし、一気に駆け上った高度経済成長の時代を経て、この「仕切られた政治空間」に参入できない人々、あるいはこの政治空間に取り上げられない課題がたくさん出て参りました。例えば高齢化に伴って、お年寄りたちの不安やこれからの生活設計がどこで実現していくか。これがなかなか空間としての共通テーマになってこない。端的に言いますと、１９８０年代半ばごろからよく使われた「生活者」と言われている人々、地域で暮らす女性や子供たち、老人たちのニーズの問題です。この50年間の「仕切られた政治空間」は実は生産に伴って構築されてきたものでしたので、この生産に携わらないグループの声が政治空間に入力されないという事態が発生してきた。

こうしますと、結局のところ、政府はさまざまな公共政策を策定して、国民に打って出るわけですが、必ずしもそれが人々の心に届かない、あるいは人々の必要性を満たさない、どこか違うところに政策のアウトプットが向けられていくという矛盾が生じて参ります。単純なことでありまして、正確な入力のないところに有効なアウトプットは期待できないわけです。こうしまして、政府あるいは公共政策の効用・ありがたみが低下していき、この国の政府による統治自体の意義が低下してきたと考えざるを得ません。

### 合意形成への模索

こういう状況の中で、政府が体質を変更する以前に、市民たちが自らの手で、この「仕切られた政治空間」に入力されない課題を解決しようという動きが急速に高まってきた。これが一つの注目すべき点です。いわゆるＮＰＯ、ボランティアと言われるような一種の「市民活動」が自らこの課題を解決する、あるいはサービスの供給者になっていくというかたちで、これまで政府にどっぷりと依存してきた公共性の充足が市民社会の手でも、これを供給することが可能になってきたわけです。

こうして、政府サービスに依存するだけではなくなってきている。つまり、これまで丸々、政府サービスに依存してきたこの国の市民社会は、政府サービスに依存しなくてもやっていける部分を徐々に増加させていることになろうかと思います。

そうしますと、公共サービスは、政府によって供給されるサービスと、それ以外の主体によって供給されるサービスとなり、この政府サービスと、市民が担うという意味の市民サービスの間の調整をどうするかという問題が浮上して参ります。

そのためには、サービスを要求している人々とそこにサービスを供給する、政府部門であれば国または地方自治体と、市民が供給するサービス部隊ができるだけ近いところで調整する必要がある。そのことから、実は地方分権が浮上した。このように地方分権を押さえておきたいわけです。

このようにして地方分権が実施された結果、先程言いましたガバメントの機能による政府サービスの充足というか公共性の充足を地域のガバナンスによって調整していくことが必要になってきた。一方的に政府から供給される時代はほぼ終わりを告げておりまして、市民による公共性の実現と政府による公共性の実現をどのように調和していくか。この調和と調整、そして決定、この作用をローカルガバナンスと言っておきたいと思います。縦型のガバメントからローカルなガバナンスへ切り替えていく。そのためにはどうしてもガバナンスの手法が必要になる。地域で調整していくための方法論を開発しなければならなくなりました。

しかも時あたかも、この長い不況の中でプラスの配分だけやってきたこれまでの政治空間が戦後初めて、負の配分を引き受けなければならなくなりました。つまりマイナスの配分、削ることも含めて、どのように合意を調達していくかが極めて重要な課題になった。

そこで振り返ってみますと、従来型の合意形成は先程言いましたように、ほとんどが中央で調整されておりましたので、中央では業界と族議員と各省庁の三者による「仕切られた政治空間」の中で取引がされてきたわけです。しかし、実は分権化されて地方でこの調整を図る場合にも、この合意形成の従来型の仕組みはありまして、官が長ひとりという特色はあるものの、やはり同じように地方にも「仕切られた政治空間」が形成されてきた。そして、それが維持されてきたと考えざるを得ません。地方の場合はその空間が「大部屋」になっていると言ってよいでしょう。

例えば、その仕切られた政治空間を牛耳っているのは商工会であるとか、農業者の団体、教育関係の団体、土木建築業の団体、あるいは労働団体、ときに地縁団体、自治会・町内会の連合会とか、いわゆる発言力を持ったさまざまな団体が、この「仕切られた政治空間」を構成している。そこで多くの政策調整が行われてきた。そして、やはり同じようにその空間に入力できない市民が次第に蓄積されてきていると言えるのではないか。

従って、地方に分権化されたら、直ちにそこで新しい政策決定と政策調整、あるいは合意形成の仕組みが待っているかというと、それはまさに皆無の状況です。従来型の「仕切られた政治空間」にゆだねておくのでは、何のための分権化であるか分からない。まさに今、その空間にこれまで参入できなかった一般の人たちを、この合意形成のメンバーにどうやって加えていくかが大きなテーマにならざるを得ない。

## 2　開放型参加システム

地方分権推進委員会は今から5年前に最終報告を出して解散致しましたが、その時に一種の「遺言」を残しております。六項目にわたっています。「残された課題があるのでよろしく」ということですが、例えば税財源の問題は現在、三位一体の改革でやっていますが、その六つの項目の中の一つに「市民自治方策の拡充」が言われています。市民自治をどう拡充していくか、そのことをやらなければ地方分権は実は完結しないという遺言でした。

これがあったからやっているというわけではありませんが、私はそのように分権化された地方での合意形成が避けられなくなった時代、これまで政治空間に入力する機会のなかった人々の声をどのようにして合意形成のメンバーとして取り入れていくか。この試みとして実は二つの動きに注目しています。

### 公募制度の意義・実態・限界

一つは公募制の採用です。審議会や懇話会など、自治体の意思形成の中に公募制の委員を入れていこうという動きです。言うまでもなく、これまで諸団体の代表たちによって独占的に構成されてきた仕切られた空間に、普通の市民、一般の市民を加えていくことです。

随分と広がって参りまして、かつて首都圏で調べたら80％の自治体でもう既に公募制の会議を採用しています。最初は「○○審議会設置条例」というような個別委員会ごとの条例で公募をしましょうと決めていたのが多いのですが、次第にこれを「付属機関の委員の公募に関する要綱」、いわば一般の制度として公募することを決めていく。こんにちでは、自治基本条例の中に「審議会等は公募制を原則とする」という書き方を加えているものが増えてきました。先だってざっと調べてみましたところ、既に20ぐらいの基本条例の中に公募という原則が書き込まれているようです。

公募制の場合にはよく見ると、全員を公募でやるか、それとも委員のうちの半分を公募でやるかという論点が一つあります。何％ぐらいを公募で加えれば、この目的は達成されるのか。15％とか、ほんのお飾り程度ということもございます。あるいは、現在の自治基本条例策定委員会の作り方などは全員公募制が主流です。しかし行政の側から言えば、会議室の広さもあってという言い訳付きで、人数は30人とか決めているわけです。

これを巡っても議論はあります。そもそもその人数に根拠があるのかどうか。その数をオーバーした場合、つまり募集人員を応募者がオーバーした場合に二つの方法が取られているようです。一つは抽選によって30人に絞り込むやり方。もう一つは作文、小論文などを参照しながら選考するというやり方です。この選考の場合にも、男女、年齢、地域差、あるいは他の審議会にたくさん出ている方はご遠慮願うとか、さまざまな基準を作ってやっているようです。けれども、市民のサイドからすれば、なぜ基本条例という行政の基本を決めていく、行政運営の基本まで市民たちが検討しようという委員会の委員を、行政のほうで選抜できるのかという議論もあって、なかなか方式が定まらない。

## 3　住民投票の制度開発

### 住民投票の多用化

第2点は、言うまでもなく住民投票がたくさん用いられるようになったということです。ただ、それが、実は多くの問題点を私たちに提起してくれていると言えそうです。

住民投票について、重要なことは、数が増えるに伴って新しい住民投票制度が開発されていることです。一つは、これまであまり顧みられなかった外国人市民にも住民投票の投票権を与える。これは、こんにちではほとんど常識化しています。多分、滋賀県の米原町が最初であったと思います。現在は愛知県高浜市のように、常設型の住民投票条例に外国人の投票権を認めている。

あるいは、年齢につきましてもどんどんと下がって参りました。長野県平谷村が15歳から、多くの所で18歳からを採用しています。せんだって神奈川県大和市では自治基本条例の中で、16歳以上の市民に投票権を与えました。これに関連して言えば、住民投票は16歳からできるのに選挙は20歳から、外国人市民には住民投票権は16歳からあるが選挙権は一切ないという問題についてどう考えるか。大きな問題を投げ掛けております。

## 4　合意形成への模索　——市民的公共性への接近

このように、どうやれば多くの方の意見を取り入れて合意を形成していけるかという方法の模索は今始まったばかりです。その中でやはり大きな課題は、これは決定に至る道筋なのかどうかということです。私たちはこれまで市民参加という言葉を使おうが使うまいが、決定への影響力を行使する、あるいは決定への参加、近年では参画という言い方もありますが、そのように言われて参りました。その後、やがて議会を通じて実際に議決されて出てくるものがあまりにも懸け離れていることから、何のための参加であったかという悩みを抱えてきました。この問題をどう解決していくのか。

やはり公募制の場合にはどうしても意欲のある方、時間のある方、あるいは何らかの活動や参加経験がなければ、なかなか手を挙げることができない。そういうこともあって、声なき声をどう採用していくのか。私にとっては無理難題に近いようなテーマですが、これも出てきています。

そのことを踏まえて、近年、篠原一さんが「市民の政治学」の中で紹介され、また、つい先月、「市民参加・合意形成」研究会編「合意形成参加方式についての資料集」（市民がつくる政策調査会発行）がまとまって、諸外国の例をまとめたものが出ました。ここでは、そこに掲げられているようなコンセンサス会議、シナリオ・ワークショッピング、デリバラティブ・ポーリング、市民陪審。これらは諸外国でもう相当取り入れられているものです。

ポイントは、その一番上に書いてある「議決と発見の２回路」です。つまり、ここに掲げられているコンセンサス会議や市民陪審、あるいはシナリオ・ワークショップと言われるものは、市民の間で意見をたたかわせて、そこに専門家が加わって、そして何回かの討議を繰り返しながら、市民の意見が形成されていくことを主な目標にしているのであって、決定への参加ではない。市民たちの討議の結果、このような大方の合意が得られた。ただし、その合意はその後の政治決定に多くの影響力を与えているという実証報告がなされています。

さて、問題はその影響力がどうして担保されているかと申しますと、実はこの討議をする市民の人選に大きな秘密がございます。多くの場合、抽選制、つまりサンプリング形式といいましょうか、自分で手を挙げるのではなくて、日本で言うと住民票みたいなもの、アメリカで言うと選挙台帳ですが、そこから等間隔に選んでいって、「あなたが選ばれた、だからこの議論に参加していただきたい」と呼びかけてやる。多くの場合、３日間、４日間という連続的討議を行うことが報告されています。

これは恐らく、アメリカの映画などでよく見る、例の陪審員制度に似たものでして、ある一定の合意に達するまで多くの時間をかけて、多くの専門家の助言と資料を使って合意に至る。こういうことを目指しているようです。

実はこの問題について著者の篠原先生とちょっと立ち話をするチャンスがあって、私は「日本への適用はまだまだ難しいかもしれません」と申し上げました。それはなぜかといいますと、そのように私たちの市民生活の一定時間を拘束することの難しさが日本の場合にはまだあります。その町で生活し、その町の中で職業に就いている、つまり通勤距離の短いアメリカやヨーロッパに比して、日本のように通勤に時間を多く取られるという人たちは、例えば夜5時半からの会議にはとても出られないかもしれない。あるいは3日間、会社を休むことのデメリットは意外と大きいかもしれませんと申し上げました。

もちろんヨーロッパなどでも、そのことによって失われる利益については報酬を出すというかたちで対処している例もありますが、日本にこれが根付くためには私たちの暮らし方から組み立て直していかなければならないかもしれない。しかも、この新しい動きは都市部から始まっているわけですが、実は意外にこれが地方都市で根付く可能性がある。職住接近の条件が整っていることで、実験場は地方都市に移るのではないかと考えながら、今後の推移を見守っていきたいと考えております。

# コメント及び質問・回答

## 【礒崎氏からのコメント】

総論にふさわしい、日本社会が構造的に変わっているというお話をいただいて、これからの議論のベースを作っていただきました。後段には、より具体的に公募制など、市民が政府の意思決定、自治体の決定に加わることの意味とか限界についてもご指摘いただいて、大変興味深いお話でした。

3点お聞きします。

### 【質問1・礒崎→辻山】
### 「仕切られた政治空間」が消滅した後、ガバナンスがうまく機能するのか？

日本の政府のガバメントの仕組みが大きく変わってきた。そこで仕切られた政治空間であるという、ちょっと難しい提起をされました。確かに先生がおっしゃったような状況があったかと思いますが、そうするとこの「仕切り」がなくなったあと、ガバナンスがどのように機能していくのかが心配になります。

土木とか福祉とか、さまざまな業界別の「仕切り」があって、その利益調整をしながら政治が成り立っていた。国民もまあまあ満足してきた。こういう状況があったと思いますが、そのある程度安定した状況が変わってくる。そこで新たにガバメントからガバナンスへというお話もありましたが、特に中央政治を見たときに、このガバナンスがうまく機能するのかどうかが心配になります。

それは従来の「仕切られた仕組み」がなくなったあと、例えば、最近そうでありますが、小泉さんのような人気のある政治家が出てきて国民の圧倒的な支持を得てしまう。こうなると、きめ細かい意思決定とか利益調整は吹っ飛んでしまうような危険も感じるわけです。ある種ポピュリズムとでも言われる政治に変ってしまって、中身はあまりない、国民からの積み上げのプロセスは全部無視して、ある一つの考えがぽーんと出て、それが大きな方針になってしまう危険性がないだろうか。

質問としては、仕切りがなくなったあと、特に中央政治、国民の意思決定を統合していくような仕組みがあり得るのか。ガバナンスが少しずつ積み重なったら何かうまくいくかという気もするのですが、そう簡単でもないだろう。難しい問題ですが、検討してみたいという意味でコメントをいただきたいと思います。

## 【回答1・辻山→礒崎】

## マニフェスト選挙への転換に一つの可能性を見たい

**辻山**　国の政治における「仕切られた政治空間」は今はもうほとんど消滅の直前です。とりわけ、このあいだの２００５年総選挙の結果を見れば、いわゆる「仕切られた空間」に閉じこもっていた連中が、みんな守旧派として退治されてしまいましたので、まさにそういう意味での族政治、「仕切られた政治」というのは、少なくとも今の自民党政権下ではほとんど力を発揮できない状態にされているということは間違いございません。

　さて、それでどうするか。今がチャンスです。実は２００５年10月号の「月刊ガバナンス」に「小泉構造改革と地方分権の現在」という論文を書きました。その中でも述べておりますが、チャンスである。つまり国の「仕切られた空間」が機能しなくなっている今こそ、地方への分権をきちんとやって、地方での自己決定の幅を広げるべきだ。これが小泉さんの構造改革の仕上げにならなければならないと書きました。

　地方にも「仕切られた政治空間」があったではないかというご指摘もありました。実は地方の「仕切られた政治空間」は未完成です。構造的に未完成にならざるを得ない。なぜならば、国の「仕切り」は、分担管理をしている各省大臣の権限がまず分かれていて、その下に仕切られたお部屋がいくつかできてくるということになっているので、相当な仕切りがございます。

ところが自治体の場合は、例えば民生部長、建設部長と言っても、これは別に分担管理でありません。すべて市長なり知事の下にやっていることになっています。つまり、民生部とか建設部の部屋の壁、仕切りが薄い。その意味では、新しい合意形成の仕組みを実験するには地方がふさわしいことは間違いないわけです。

地方でそれをするとして、中央の「仕切られた空間」の調整は要らないのかというと、そうもいかないわけです。そこを突かれたわけです。小泉政権は経済財政諮問会議に調整の場を設定して、トップダウンで政策を執行する体制を作った。これが極めて独裁的な色彩を帯びていることは周知の事実です。そこで、もう一度各省大臣を軸にした政党内の「仕切られた政治空間」を作り直すか。これはまた後戻りです。

私はこのように考えています。そこの政策調整は、政権政党ともう一つの対抗政党との間の政策調整。つまり、国民に政権選択を問うというかたちで仕切っていくべきだと考えています。この政策を掲げている政党に投票すれば、それが実現される可能性が高いというかたちで、仕切られた小部屋をやめて、政権選択の、まさにマニフェスト選挙への転換に一つの可能性を見たい。

**【質問2・礒崎→辻山】**

## 過疎地、中山間地のガバナンスの仕組みは、都市とは違った工夫が必要ではないか
## また、意見の違う住民間の合意形成をどうするか。

ガバナンスということで市民サービスが政府サービスと並び立つものになってくるという大きな展望をいただきました。私もその通りだと思います。しかし一方で、過疎・農村型の地域においては、このサービスを担う市民もなかなかいない。極端な話を致しますと、過疎が進んで50歳代未満の住民が極めて限られてしまっている。高齢者が住民、村民の中心であるような所で、こういうガバナンスがどのように成り立っていくのか。もちろん、生活の緊密性、社会の共同性はかえって強いので、それは違ったかたちでガバナンスがしっかり根付くという考え方もあろうかと思います。

都市と比べ、そのような過疎地、中山間地などのガバナンスの仕組みは、都市とは違った工夫が必要ではないかと思います。その点について、どのようにお考えでしょうか。

また、より具体的に市民の自治体政治あるいは自治体行政への参画・参加の問題に触れていただきました。住民、市民と言っても、利害関係は相当違うと思います。私は町づくりとか開発規制の問題に興味を持っておりますが、大規模開発があったときには同じ住民でも「緑を守れ、環

境保全が一番大事だ」と言う住民もいれば、例えば中山間地などを考えますと、「周りは緑ばっかりだ、そうではなくて企業を呼び込んでもらいたい」、あるいは「人を呼び込む政策こそが必要だ」という。

このように、住民でも意見が違うし価値観が多様化した、あるいは価値観が対立する中で、実際に合意形成を図っていくにはどうしたらいいか。実際に意見の違う住民間の合意形成をどうすればいいのか。それに関して、調整役、コーディネーターという役割も重要ではないかと考えます。合意形成の在り方について何かご示唆をいただければありがたいと思います。

### 【回答2・辻山→礒崎】
### 財政調整の見直しが必要

実は、過疎地においては「仕切られた政治空間」に参入して、そこで実現したいと思っているようなさまざまな利害は、そこに持ち込まなくても解決されていく可能性があります。共同性です。相互扶助の美風、伝統のようなものが実は公共性を底支えしている可能性がある。ただ、いまはそれが顕在化していないということでしょう。ただし顕在化したときに、担い手問題をどうするのかと言われたときには、はやりの言葉で言えば、程のよい大きさの政府を選択するしかない。公共部門によるサービスを中心にして雇用も創出していく。より多くの負担をしながら、つまり負担のできる人は政府に負担をして、割と大きめの政府で過疎地は維持していくしかないと考えています。その意味での財政調整の見直しが必要でしょう。

## 【江藤氏からのコメント】

今日の辻山先生のお話は、「仕切られた政治空間」をキーワードにされています。中央政府にしろ、地方政府にしろ、基本的にはその業界、分野ごとの「仕切られた政治空間」でいろいろ議論して政策決定が行われた。具体的には、それぞれの業界のパワーが政策形成過程の中に圧力として入ったり、選挙によって、そこが政治の多数を取って政策決定を行っていく。ある意味では圧力集団政治そのものだったと思っています。

辻山先生は、そうした状況が大きく変わっていると。具体的に言えば、公共サービスを誰が担っていくのか、そして市民サービスは誰か、その境界をどのように決定していくのか。それを調整する仕方が今後重要になるだろうと思います。その分野ごとの利害が全くなくなるわけではないのですから、その調整、合意形成のメカニズムをどのようにしていくか。辻山先生は最新の手法をいくつか紹介してくださった。

そうした政策決定の場が閉じられたところ、仕切られたところは見えにくいのです。それをどうやって公開の場に出していくのか。そして、政策過程の中でどれだけ多様な利害の調整することをできるか。それが、今後のシステムにとって大事だと思っております。

辻山先生はそういう中で最近の動向として、「開放型市民参加システム」の話と「住民投票の意義と問題点」を話されて、そのあとに最近の諸外国の事例である熟議民主主義というか、討議民主主義、合意形成の新しいメカニズムの紹介を行なっている。そういう意味で、「仕切られた政治空間」を仕切らないでどれだけ調整を行っていくことができるかどうかがポイントになってきていると思います。

そこで、質問と個人的な意見を述べさせていただきます。

２００３年に日本で恐らく初めて、最初と議論したあとで意見がこう変わっているという統計を採ったものがあります。これは２００３年11月、「さっぽろ夢ストリート・市民１０００人ワークショップ」。まちづくりのワークショップを2日間かけてやりました。

いままで、政策決定というのは、市民はしっかりとした意見を持って政治に参加して、ディベート、討論を行って打ち負かすんだという発想が多かった。ここでのワークショップは、資料を見ながらみんなで議論する中で、参加した市民の意見が環境を重視する政策に変わってきているのです。そういう意味では、辻山先生と同じように私も熟議、討議をすごく大事にしたいということをまず確認しておきたいと思います。

その上で、これはどのように考えたらいいのかお聞きしたいと思います。

**【質問3・江藤→辻山】**

**最近、「情報の提供」はあるが、「討議の場の提供」がなかなかない。その辺りをどのように考えるか。**

私はまず、住民投票を行う前に、いろいろな議論をしたほうがいいと言っている。最近は情報の提供だけはあるのですが、住民投票を行うに際して討議の場を提供することがなかなかない。その辺りのところをどのように考えられているのか。

次に討議の水準についての質問です。討議の重要性のご指摘、共感します。ただ、これは第1回路の議決のところではなくて、第2回路の市民社会のレベルで意義があるというお話がありました。こうした専門家がいろいろな知識をまずは提供しながら市民同士が議論していくようなやり方が、それこそ今後、議会にとっても大事なのではないでしょうか。なぜ議会でこうした手法が開発されていないのかどうかも教えていただきたい。

もう一つは、この合意形成の最後に出された可能性として、地方の可能性、「山梨は遠くても30分ぐらいの通勤・通学時間だ」とよく言われていますから、山梨県、甲府市でも可能性があるかと思っています。裁判員制度が２００９年から入ることになっていますが、基本的に辻山先生が紹介されたものは抽選で行って議論していく、そして短時間だけど拘束しながら報酬を出していく制度は、裁判員制度で行われてます。辻山先生が紹介された制度は、これを機会に広がる可能性があるかどうかもコメントをいただければと思います。

## 【回答3・辻山→江藤】

### 討議制民主主義の可能性について

「討議」は、今のところ諸外国でも、やはり政府当局あるいは政策を抱えている年金基金とか、「これはどうしたらいいんだ」ということを抱えているところが主体になって呼びかけて、サンプリングをしてすることが多いようです。実は日本の地方で言えば、地方議会が呼びかけてということは十分にあり得るわけです。まさに地方議会がさまざまな情報を提供して、そこに市民討議の場を設定して、それをじっと観察していく議会の有り様があってもいいのではないか。

ただ、これまでの例で言いますと、そこに議員が出てくると、すぐに市民を説得に掛かるという悪い癖がありまして、討議の訓練がやはり必要ですが、実は仕掛の側は議会であってもいいと思っています。

それと、裁判員制度の可能性はその通りでありまして、さまざまな新しい合意形成の仕組みも、裁判員制度が動き出したときには、これまでのように手を挙げるタイプからもう少し公平にピックアップされた人々による議論ができるようになるかもしれない。多分、裁判員はどのような方法でピックアップするかを最高裁規則で定めて、それを市町村に対して委託すると思います。その「規則」を参照しながら動き出す可能性があるかと思っています。

# Ⅱ　自治のルールと政策法務

## ―ローカル・ルールをつくろう！

礒崎初仁（中央大学）

中央大学の礒崎と申します。私は神奈川県庁に17年ほど勤めておりまして、土地利用、介護保険、市町村合併を担当しました。従って、私からは、実務に即して事実を押さえながら問題提起をさせていただき、皆さんと情報を共有しようということでお話しさせていただきます。

## 1　ローカル・ルールの時代がやってきた

### 地方分権の時代とは

まだ本当はローカル・ルールの時代はやってきていない。なお、ナショナル・ルールが幅を利かせているのですが、私はローカル・ルールが非常に重要になってきたということを言いたい。

まず、地方分権一括法については先程、辻山先生からもご指摘がありました。２０００年から、もう5年たちます。私も地方分権をネタにして話をすることが多いのですが、もう既に5年たっていて、その間いろいろな変化もあったわけです。その5年前の改革が何であったか。一言で言うと、法的な権限を強化したということではないかと思います。

法的な権限とは、法律を解釈する権限と、自分たちのルールである条例を作る権限の二つです。立法権と行政権と言ってもいいと思います。いずれにしても、自治体の法的な権利が強まった。あるいは、自治体に与えられるということは市民が行使しやすくなったとも言えると思いますが、ローカルなレベルに法的権限が下りてきた。これが大きな変化だと思います。

一方で、もう一つ、三位一体の改革が今行われております。これも辻山先生は分権の宿題として残った課題であるとおっしゃいました。今も義務教育費の国庫負担金の問題など、あるいは生活保護の問題など、いろいろな議論がされております。議論の途上にある改革です。

この三位一体の改革が何を目指しているかというと、自治体のお金の方、財政権限をしっかりする。お金の自由を確保することです。この行方が実はまだはっきりしていない、まだまだ本格的な改革にならないのではないかという不安を残しているところではあります。しかし大きく見ると、地方分権の方向に進んできていると思います。

とりわけ5年前に強化された法的権限をうまく使っていくことが自治体及び市民のこれからの大きな課題ではないか。また、それが新しい社会システムの大きな構造転換を進める上で大きなポイントとなるのではないかと思っております。

## 自治体の役割が変わる

そうすると自治体の役割が変わる。今まで国が制度・政策を作ってきたと思います。実はわれわれの公共にかかわる仕組み・政策はほとんど国がリードしてきた。霞が関の一部の官僚たちが中心となって作ってきた。それを全国の、かつては3千、今は2千弱の自治体が忠実に実施するという状況が長く続いてきたわけです。戦後60年、その仕組みは大きく変わらなかった、むしろ強化されてきたと言えると思います。

今後は、それらの自治体が、それぞれの制度とか政策を自ら作って実行するのです。これが大事なところでして、かつては霞が関で作ったでかい法律があって、それが地方に下りてきて、この通り実施しろ、間違いなくやれ、監視しているよという仕組みで行政の仕事が運用されてきたのですが、これからは、その行政の仕事の仕方もそれぞれの自治体で作る。自治体が制度を作るという時代になったことが重要ではないか。

そうすると、その拡充した権限、とりわけ制度を作る権限、具体的には条例を制定する権限をうまく生かしていくために必要なのが政策法務という概念ではないかと思います。今回のタイトルは「自治体法務」で、自治体法務と言っても間違いではないと思いますが、更に私は自分自らの政策を作るという意欲を条例の中に表していくことが大事だと思いますから、今まで政策と法務とに切り離されてきた言葉を、ここで強引に結び付けようとしています。それによって政策を生かすための条例であり、法律解釈である。政策を作っていくための取り組みが重要だと強調したいということで、「政策法務」という言葉をはやらせたいと思っています。

実は、日本の社会は「国家法」、国が作った法律がまだまだ幅を利かせています。先程の地方分権一括法と言いましたが、一括法で改正が必要だった法律、つまり自治体の仕事に直接かかわる法律が４７５本ありました。その４７５本の法律を一挙に変えたのが２０００年の改革でした。そう考えると、この

４７５本、もっと細かく挙げていくとたくさんあると思いますが、そういう法律がわれわれの社会、景観、町づくり、福祉などの仕組みをコントロールしてきたわけです。今後はローカルルール、地域がそれぞれにルールを作っていくという時代に変わってきているし、この流れを本格的なものにしなければいけないだろうということが私の問題提起です。

### ローカルルールになったら何かいいことがあるのか

それでは、ローカルルールになったら何かいいことがあるのか。私は三つあると思います。

一つは、地域の実情に合ったルールになる。霞が関で作ると東京に暮らしている人たちがその法務にかかわる。地域の状況を本当に霞が関の人たちは分かっているのだろうかと不安になることもあります。あるいは、しっかりと見極めている人でも、北海道から沖縄まで適用されるようなルールを作らなければいけない。統一的なルール、画一的なルールを作らなければいけないとなりますから、どうしても地域の実情に合わない。過不足が生じる。一生懸命合わせようとするとたくさんの法律になるし、少なくしようと思ったら、この地域ではこれが足りない、あっちの地域ではこれが足りないとなるわけです。地域の実情に合ったルールにするにはやはりローカルルールがいい。

二つ目は、住民の声を反映しやすい。霞が関で作っている法律の制定過程は密室で行われて、最終の段階で国民に対してこういう法律を作るんだと急に出てくるのが現状だと思います。しかし自治体であれば、とりわけ基礎自治体である市町村であれば、住民の意見をいろいろと寄せられる。そして作ったあと、「今回作った条例はけしからん、この改正を早速提案しよう」という市民グループも現れることもあり得るわけです。市民との距離が近いことはやはりルールの中身にも反映してくると思います。

三つ目は、シンプルな「身の丈に合った法制度」ルールになると思います。先程も４７５本の法律、しかもその法律のそれぞれはざっと50条から２００条ぐらいの条文があると思います。そのほかの政令とか省令がたくさんあって、皆さん、ご存じのように何とか六法という15センチぐらいの厚みのある法令集がそれぞれの分野にできてくるわけです。これは大変使いにくい。私は、地域に合わせてやれば、例えば甲府市なら甲府市のルールと考えると、甲府市で起こりそうな問題に対応すればいいわけですから、全国で起こるようなことを全部フォローする必要はありませんので、その面では非常にシンプルなルールになるのではないかと思います。条文数も少なくて済むだろう。今、各自治体で条例が３００本ぐらいあるでしょうか。これから少しずつ増やしていく必要はありますが、それにしても国の法律よりもはるかに少ない条例の数で足りるのではないかと思います。シンプルな法制度になる。

法律を本格的に見ようと思ったら相当な覚悟が必要ですが、条例であれば、難しいですけども読みこなせる範囲だと思います。そういうシンプルなルールになることも大事です。そんな三つの理由から、私はローカルルールを進めていくことを提案したいわけです。

そうしたローカルルールが今まではなかったのか。戦後60年、実は条例制定権はもともとありました。そこで、自治体はいくつかの条例を今まで作ってきた。その中には大変特徴的な先進的な条例もあったわけです。その概要をご紹介したいと思います。

## 2　分権条例をつくろう　―条例づくりの歴史をふりかえる

少し細かくなりますが年表を付けておきました。ローカルルール、条例と言っても、最近急に出てきたものではなくて、それなりの取り組みがあった。この蓄積を踏まえた上で、更にこれから発展させようということが二つ目の問題提起です。

そうすると過去の状況を振り返ってみる必要があるだろう。戦後１９４５年から採ってみて、60年ですからちょうど区切りがいいです。15年ずつで区切ってみました。第１期、戦後まもなくのころの15年間、この時期、「警察」と書きましたが、治安維持、社会秩序の回復を目的とする条例が多かったのではないか。大阪市の公安条例、岡山市の青少年保護育成条例といったものが具体的な名前で挙がっております。あくまでもこれは例示です。

社会秩序の回復を早急にやらなければいけないということで、主に警察、都道府県警察が所管するような条例が、この時期たくさん作られていると言えます。

第2期、60年代から70年代の前半、この15年が私は大きな変化だったと思います。環境保全型条例と名付けてみました。このころ、高度経済成長の真っ盛りでして、都市においては公害問題、農村部にお

## 表　戦後の条例づくり等の変遷

| 時期区分 | 主な条例・裁判例等 | キーワード |
|---|---|---|
| 第１期<br>（1945 ～ 59）<br>警察型<br>条例の時代 | ■ 1947　地方自治法改正（行政事務に関する条例の規定等）<br>1948　大阪市・行進及び集団示威運動に関する条例<br>1949　東京都売春等取締条例<br>1949　東京都・工場公害防止条例<br>1950　岡山県・図書による青少年の保護育成に関する条例<br>1955　神奈川県青少年保護育成条例<br>1957　東京都飼い犬等取締条例 | 公安維持・取締 |
| 第２期<br>（1960 ～ 74）<br>環境保全型<br>条例の時代 | 1964　神奈川県事業場公害防止条例改正<br>● 1964　横浜市・電源開発株式会社の公害防止協定<br>● 1965　川崎市・団地造成事業施行基準<br>● 1967　（兵庫県）川西市・開発指導要綱<br>1969　東京都公害防止条例<br>1969　千葉県宅地開発事業等の基準に関する条例<br>■ 1970　公害対策基本法改正（調和条項の削除等）<br>1970　北海道自然環境保全条例<br>1971　神奈川県・良好な環境の確保に関する条例<br>● 1971　武蔵野市宅地開発等に関する指導要綱<br>1972　東京における自然の保護と回復に関する条例<br>1973　川崎市「都市憲章」条例案提案（廃案）<br>1973　岡山県県土保全条例<br>1974　神戸市民のくらしを守る条例 | 公害対策・自然環境 |
| 第３期<br>（1975 ～ 89）<br>住民参加型<br>条例の時代 | ◆ 1975　最高裁徳島市公安条例事件判決<br>1976　（静岡県）熱海市別荘等所有税条例<br>1976　熊本県小売商業活動の調整に関する条例<br>1976　川崎市環境影響評価に関する条例<br>1978　神戸市都市景観条例<br>◆ 1978　最高裁高知市普通河川条例事件判決<br>1979　滋賀県・琵琶湖の富栄養化の防止に関する条例<br>1979　（東京都）中野区教育委員候補者選定に関する区民投票条例<br>1980　東京都環境影響評価条例<br>1981　神戸市地区計画及びまちづくり協定に関する条例<br>1982　（高知県）窪川町原子力発電所設置についての町民投票に関する条例<br>1982　神奈川県の機関の公文書の公開に関する条例 | 住民投票・情報公開 |

| | | |
|---|---|---|
| | ◆1983　福岡高裁飯盛町旅館建築の規制に関する条例事件判決 | |
| | 1985　ふるさと滋賀の風景を守り育てる条例 | |
| | 1986　東京都土地取引の適正化に関する条例 | |
| | 1988　（三重県）津市水道水源保護条例 | |
| | 1988　熊本県環境基本条例 | |
| | 1989　兵庫県・淡路地区の良好な地域環境の形成に関する条例 | |
| | 1989　福島県リゾート地域景観形成条例 | |
| | ◆1989　最高裁武蔵野市長給水拒否事件判決 | |
| 第４期（1990～現在）分権型条例の時代 | 1990　（東京都）中野区福祉オンブズマン条例 | まちづくり・基本条例 |
| | 1990　川崎市市民オンブズマン条例 | |
| | 1990　神奈川県個人情報保護条例 | |
| | 1990　大分県湯布院町・潤いのある街づくり条例 | |
| | 1991　（沖縄県）恩納村環境保全条例 | |
| | 1991　（静岡県）掛川市生涯学習まちづくり土地条例 | |
| | ◆1993　最高裁武蔵野市教育施設負担金返還請求事件判決 | |
| | 1993　（神奈川県）　真鶴町まちづくり条例 | |
| | ■1993　行政手続法 | |
| | ■1993　環境基本法 | |
| | ■1995　地方分権推進法 | |
| | 1996　神奈川県土地利用調整条例 | |
| | 1996　神戸市・人と自然の共生ゾーンの指定等に関する条例 | |
| | 1997　（大阪府）箕面市まちづくり推進条例 | |
| | ■1997　環境影響評価法 | |
| | ■1999　地方分権一括法（2000. 施行） | |
| | ■1999　行政機関が保有する情報の公開に関する法律 | |
| | 2000　（愛知県）高浜市介護保険・介護予防の総合的な実施及び推進に関する条例 | |
| | 2000　（山梨県）都留市男女共同参画基本条例 | |
| | 2000　東京都における銀行業等に対する事業税の課税標準等の特例に関する条例 | |
| | 2000　（北海道）ニセコ町まちづくり基本条例 | |
| | 2001　横須賀市民パブリック・コメント手続条例 | |
| | ■2001　行政機関が行う政策の評価に関する法律 | |

※図中、■：国の法律、◆：裁判例、●：自治体の要綱等を示す。

（出典）各種資料から筆者作成。

いては自然環境の破壊、いずれにしても環境の深刻な被害、環境破壊が行われていたわけです。国の法律もありましたが、その法律だけでは十分でないということで、各自治体がやむにやまれぬ措置としていくつかの条例を作ってきたと紹介できるのではないか。

例えば、64年、神奈川県の事業所などの公害防止条例の改正、東京都の公害防止条例、69年、千葉県の宅地開発事業の基準に関する条例。実はこのころ山梨県でも宅地開発事業の適正化に関する条例、ゴルフ場等適正化条例。高度経済成長のころ、山梨県においてもゴルフ場や宅地開発が乱雑に行われた。そこで、そういう先進的な条例を作られて対応されたわけです。

更に北海道などの自然環境、これに対しても危機の時代を迎えておりましたので自然環境保全条例が作られる。岡山県では県土保全条例が73年に作られた。

これらは国からの要請ではなくて、国が作りなさい、作ろうと言ったのではなくて、公害反対運動などの市民運動の動きを受けて、自治体が独自の政策をもって条例を作ったことが特徴だと思います。警察型条例とはそこが違うのではないか。自治体の中から、地域からこういう条例作りの機運が起こったと指摘しておきたいと思います。

従って、「政策法務」という言葉はここ15年ぐらいはやっている言葉ですが、政策法務の取り組みそのものは、私は40年ぐらい前にさかのぼれるのではないか。従って、60年代後半ぐらい、公害防止条例ができた辺りから政策法務の流れはできたのではないか。既に40年の蓄積があると言うと格好良すぎるかもしれませんが、そのように指摘しておきたいと思います。

第3期、高度経済成長が終わりまして、低成長、安定成長の時代でした。ここで、割と成熟した自治を求める動きが出てきたのではないか。住民参加型条例の時代と位置付けてみました。特徴的なものだけをさっと見てみますと、76年の川崎市の環境影響評価に関する条例、神戸市の都市景観条例。昨年、景観法が国においてもできましたが、実は景観については条例のほうが、自治体の取り組みのほうが早かったわけです。78年に既に景観条例はできております。飛ばしまして、82年の文書公開条例。最近になって国も情報公開法を制定しましたが、実はこの分野でも自治体のほうが先だった。情報公開条例はいろいろな自治体で既に標準的に装備されていると思いますが、82年あたりがその開始の時期だった。

88年、津市の水道水源の保全条例。ちょうどバブルのころですね。こうなると皆さんも記憶に新しいと思いますが、バブル経済に沸き、そして都市においては大規模な都市再開発、地方においてはリゾート開発が盛んに行われた時期でした。そうした地方圏における取り組みとして、89年、福島県リゾート地域景観形成条例の例があります。

第4期にまたがってしまいますが、90年の湯布院町の潤いのある町づくり条例、91年の掛川市の生涯学習まちづくり条例、93年の真鶴町のまちづくり条例。この一連の町づくり条例は、そうしたバブル経済期でリゾートマンションがどんどんと押し寄せてきた。そこは自然環境のいい、景観のいい場所でしたので自治体がリゾートマンションをストップさせる。適正な開発、あるいは成長管理、ただべらぼうに成長するのではなくて一定のコントロールをしようという町づくり条例も、90年を挟んで全国的な流れになりました。

最後、第4期は分権型条例の時代と呼んでみたいと思います。地方分権の流れを受けて、町づくり条例が更にいくつかの自治体に広がりました。99年の地方分権一括法、これは先程言った通りです。２０００年の高浜市の介護保険等に関する条例。福祉の分野でも条例が登場しています。これも大事な動きです。都留市では男女共同参画基本条例。基本条例と言っても少し違いまして、男女共同参画を進める条例です。

そして辻山先生も触れられました本格的な自治基本条例の第1号とも言えるニセコ町のまちづくり基本条例が２０００年にできています。この２０００年の基本条例を受けて、杉並区、大和市、川崎市とか、たくさんの自治基本条例が次々と作られております。２０００年から5年ぐらいしかたっておりませんが、自治基本条例は広がりを持っておりますし、内容的にも深化してきていることが確認できるのではないかと思います。

以上、戦後にさまざまな条例があったことを確認致しましたが、そこで少し障碍になったことがありました。それは法律の壁です。

実は条例と法律がぶつかった場合にどうなるかという法的な問題があります。その場合、法律のほうが優先するという仕組みになっているのですが、それに対して特に「固い霞が関」、行政の担当者は大変固く考えていて、条例はなかなか作りづらいものだ、上乗せ条例は違法であるとか、財産権の規制は条例ではできないとか、そういうことがいわば常識化していたわけです。けれども、だんだんと法律の解釈も柔軟になってきまして、裁判所は割と条例を適法だと判断するケースが多くなっています。柔軟で、常識的なんです。

従いまして、条例はなかなか作りづらいという常識は行政実務においては強かったのですが、そろそろ乗り越えたほうがいいのではないか。また、研究者もそういう柔軟な解釈をもっと推進する必要があるのではないかと考えています。

## 3　まちづくり条例と自治基本条例　―なぜ流行るのか

私は、こうして作られてきた条例の中でも特に町づくり条例と自治基本条例が、大変注目に値するのではないかと思います。

町づくりについては、国の法律ががんじがらめに作られています。都市計画法、建築基準法、農地法、森林法、いっぱい法律があります。そういう法律がありながら、だけど身の丈に合った法制度をきちんと、自分たちの町のシンプルなルールを作ろうということで、改めて、あえて町づくり条例として作っている。そういう意味で、法律に頼らない町づくりをしようとしている。もう一つは、住民参加を必ずと言っていいほど組み込んでいます。

## 進化する「町づくり条例」

町づくり条例をいろいろと見ていただきたいと思いますが、地域に合った開発規制をやりましょうが一つ目、もう一つは市民の提案なり、市民の参画を基本にしましょうということで、例えば町づくり計画を作るときには、市民の町づくり団体などを作ってもらって町づくり計画を提案してもらおうという仕組みもかなり取り入れられています。これは国の法律だとちょっと考えられませんね。自治会とか、例えば里山を守る会などが基本になって町づくり計画を提案できるという仕組みが町づくり条例に入っていますので、その点で注目に値する。まさにローカルルールの特質を生かした内容になっているのではないかと思っております。

## 自治体が憲法を持つ時代

もう一方の自治基本条例。これもいろいろな意味があろうかと思います。自治の基本的なルールを1本の条例に定めておく、いわば自治体の憲法とも言うべきものを作ることは大変大きな意味があるのではないか。こんな理念的なことばかり書いてどんな意味があるのかという声もありますが、私はそうした基本を固めて、その上でまた個別の条例もいろいろ広げていく、制定していく。そういう可能性を評価したいと思います。

自治基本条例だけで終わるとするとちょっと物足りないのですが、自治基本条例を作るプロセスで市民が主役になるとか、あるいは自治基本条例を受けて個別の、先程の男女共同参画の問題でもいいし、町づくりの問題、福祉の問題、さまざまな個別分野で条例が少しずつ作られていく。こうなるとすれば、その火つけ役として、あるいは、基本を位置付けるものとして大変大きな意味が自治基本条例にはあるのではないかと思います。

## 4　問われる市民と自治体の「自治力」

そういう政策法務あるいは分権条例を作るにはどういう体制が必要か。一つ目は自治体職員がしっかりすることだと思います。最近は政策法務研修ということで私もしばしば呼ばれますが、2、3日の研修だけではなくて、これはぜひ実地の中で力を着けていただきたいと思います。

二つ目、次の江藤先生に引き継ぐ課題かと思いますが、議会です。今まで議会はあまり条例を作ってこなかった。立法機関であるはず、国で言えば国会に当たるはずですが条例はあまり制定してこなかった。端的には議員が提案する条例、議員提案条例は条例のうちの大体2%から5%ぐらいです。ですから、95%は市長あるいは知事が提案した条例でして、これでは物足りないと思います。やはり議会で自ら条例作りを進めていくことが非常に必要だと思います。

最後に問われるのは「市民の自治力」です。こうした自治体の尻をたたいたり、議会に対してさまざまな条例の提案をしていく。先程の話だと公募型の委員会に自ら入っていく。こういったさまざまな場面が自治体側には少しずつできております。条件はある程度調ってきていますので、この条件を生かしていただきたい。それらの力、意欲のことを私は「市民の自治力」と言ってみたいわけです。そうした市民の自治力が政策法務を支え、ローカルルールを豊かにしていくのではないだろうか。それが私の提案です。

## コメント及び質問・回答

### 【江藤氏からのコメント】

ありがとうございました。地域のルール、ローカルルールの時代だということを礒崎先生は確認しながら、今どういう課題があるかについてのお話を分かりやすくしてくださいました。

私は最近、礒崎先生の問題意識と同じように、自治基本条例をどのようなかたちで策定したらいいかといろいろと考えているのですが、どうして今まで育ってなかったかが確認したいところです。

年表を見ますと、政策条例は、横出しとか上乗せで頑張って、ようやくやってきたのですが、どうも組織にかかわる条例はなかなか一般的に広がらなかった。それは恐らく、機関委任事務の問題、条例準則、モデル条例を勝手に省庁が作ってそれに合わせればよかったという、中央集権制で選択の幅が狭かったこともあります。よりよい政策を打ち出すためのルールを明確にする意欲に欠けていた。あるいは、地方自治法とか公職選挙法で、組織にかかわる条例をかなり縛っていた。それに自治体はどっぷりと浸り過ぎていたのではないかと思っています。

礒崎先生も言われるように、地方分権の時代には今後ローカルなルールは必要だということの確認をぜひ、いろいろな自治体でもしたほうがいい。ただ、そうはいっても、ちょっと引っ掛かっていて、ぜひ教えていただきたいところがあります。

## 【質問4・江藤→礒崎】
## 自治法で禁止されていないことも、解釈としては駄目だと言われますが

一つは自治法で禁止されていないことも、解釈としては駄目だと言われます。付属機関の設置は、執行機関はできると書いてあるのだけれど、解釈上は、議会については書いてないから駄目だとか。公聴会の制度や参考人の制度は議会の委員会ではできると書いてあるのだけれど、本会議では書いてないからできないと言われている。書いてないし、禁止されてないのだからいいだろうと思っても、なかなかそこを突破できない。どのようにしたらいいか。

## 【回答4・礒崎→江藤】
## 法律を柔軟に解釈する姿勢・意識が大切

自治体でいろいろな工夫をしようとするのだけど、法律の壁があってなかなかできない。特に議会に付属機関を置く、あるいは参考人などの本会議への招致ができるかどうかという例で、法

律はかなり不自由にできている。しかも、書いてないことは自由かと思うと、書いてないからできないという事情があると言われました。

私はこれには二つの原因があると思います。一つは、自治体の運営については特に地方自治法でかなり細かく記載されておりまして、記載されていることはそのままやらなければいけない。今までの常識として、法律の根拠がなければやってはいけない。法律が細かく作り過ぎているという点が原因だと思います。

これについて、私は、法律をなるべくもっと簡素にしていく。そして、国の法律ではなくてローカルルールにできるだけ任せていく。例えば、今のような議会の付属機関をどうするか。こういう問題は自治基本条例がちょうどいいと思います。自治体の運営そのものに関するルールでありますから、何も国会で作っていただかなくても、自治体がそれぞれの議会で条例を作ってできるかどうかを決めればいい。そして、今まで規定がなくて必要になったら、そういう規定を作るということで国の法律をなるべく簡素化していくことが一つ大事なことではないかと思います。

もう一つは偏見や先入観の部分も随分あるだろうと思います。今まで実務家は法律の壁が非常に厚いものだと考え過ぎていた、かえって裁判所のほうが結構柔軟でした。

それと同様に、地方自治法に詳しい人ほど地方自治法の解釈が非常に固いということがあると思います。専門家になればなるほど、自分がよく知っている法律を大事にしたいという心理も働くと思います。都市計画法に詳しい人は都市計画法の解釈がやたら厳格だ。

そんなことがありますので、もう少し柔軟に解釈する必要があるだろう。自治体のほうももっと国の法律を柔軟に解釈するという姿勢に転じる必要があるのではないか。意識を変えることが大事ではないかと思います。正面から法改正することと、われわれの意識を変える、この二つがテーマになるのではないか。大変重要な問題をご指摘いただきました。

**【質問5・江藤→礒崎】公選法で書いてないものはできないという解釈を、自治のルールを作るときに、どうやってできるとするか**

やはり自治体の憲法と言った場合は、政策決定の在り方、住民参加の仕方、人権の問題、権利にかかわる条項が入るのですが、同時に、自治体の憲法だとすると、そこを担っている人たちをどのように選出するか。結論を言うと選挙制度もある程度入れ込んでもいいかと思っています、しかし、公職選挙法の縛りがきつすぎてなかなかそこが突破できないという感じがしています。

私も勉強不足なんですが、公選法の場合は書いてないものはできないという解釈をどうやって、自治のルールを作るときに突破できるか。

### 【回答5・礒崎→江藤】

## 公選法の縛りを解くためには法律改正が必要です

例えば自治基本条例を作ろうとしても、特に選挙の問題などなかなか条例では書けない。これをどう解釈したらいいだろうかというご質問だったと思います。これはご指摘の通りで、私も、「自治体の憲法と言われる」、「いわゆる自治体の憲法である」と言いました。微妙な言い方をしました。厳密な意味で憲法と言えるかというと、実はそうではないのではないかと思っております。

今までにできた自治基本条例を見てみても、せいぜいのところ、住民参加の仕組みを作ったり、住民投票はかなり大きな制度でありますが、あれだって最大尊重しなければいけないということで、住民投票の結果と違うことを議会・首長が決めてもいいわけです。しかし、議会と首長の権限を侵してはいけないという大きな前提があって、住民投票の規定であってもせいぜいのところ、「配慮しなさい、尊重しなさい」という程度にとどまっているという限界があります。

目を転じてみますと、日本国憲法は結構大胆なというか、大きな仕組みを書いていると思います。国民の人権を保障していたり、三権分立の仕組みで国会は何をする、行政は何をする、裁判所は何をすると書いておりますが、それと比べると、自治基本条例はまだまだ住民参加の仕組みだけでして、大きな自治の仕組みを定めているとは言えないという現状だと思います。ただ、私はこれについても今後は、自治法などをもっと簡素化して自治基本条例で決めるという仕組みに切り替えていくべきではないか。

あるいは、地方の代表機関を作る仕組みを公選法が全部決めてしまっている。これ以外、全く仕組みを変えてはいけない。国政選挙と県の選挙、市町村の選挙、それぞれ全部同じ仕組みでやりなさいと事細かく書かれ、あるいは総務省からの指導で画一的にやっている。これはご指摘の通り大きな問題でして、われわれの代表機関をどうやって選ぶか、選ぶときに演説会をどうする、情報共有をどうするのか、今は戸別訪問禁止とか、マニフェストが配れないとか、いろいろな仕組みがありますが、これはすべて公選法、選挙の仕組みが全国画一だからです。

うちの町ではマニフェストを出してもらいたい、マニフェストが配れるように自治基本条例で選挙のルールを書こうではないかという提案があってもいいと思います。

江藤先生、大変重要な点をご指摘いただいたと思いますが、これはどうしても法律を変えざるを得ない。政権選択を可能にする国の仕組みを作る。その中の一つの課題として国の法律を変えてもらう。公選法は直接的には国政選挙に適用し、地方選挙はまた別の仕組みで作っていく。少なくとも細かいことは条例で決めていく。これが大事ではないかと思います。これはどうしても法律改正が必要ではないかと思います。

【質問6・江藤→礒崎】

どうしたら「原則適法説」や「標準規定説」が通用可能になるか？

今の地域の条例を解釈するときに、従来の法律で決まっていることについて条例はできないという法律先占理論はもはや時代遅れだということでしょう。しかし、そうはいっても自治事務については原則として条例でいろいろ決めることができるという「原則適法説」とか、あるいは法令の規定を標準として解釈して、それと異なる規定を定めることは可能だという「標準規定説」は、通説にはならない。地方分権の時代はそういう新たな解釈をしてもいいのかなと私は思っています。恐らく礒崎先生もそうだと思いますが、どうしたらそういうことが可能になるか。少し大きなテーマですが教えていただければと思います。

【回答6・礒崎→江藤】

ローカル・ルールの研究者がいない

法律先占理論など条例制定権に関する非常に固い解釈がまだまだ生きているのではないか。条例がどこまで作れるかについて新しく原則適法説とか標準規定説とかに転じるべきではないか、大いに参考になるのではないかというご指摘、私もその通りだと思います。

　まずは研究者が頑張らなければいけないと思います。法律学者は全国にたくさんいらっしゃいますが、実は条例制定権について本格的に研究されている方はそれほどいない。せっかく、これだけローカルルールが発展してきたのですから、条例学をもっと広めたほうがいいと思います。私も大学の教師でありますが、大学の法学部の科目もほとんど国の法律です。町づくり条例とか自治基本条例を教えるなんていう科目はほとんどないわけで、日本の実定法はほとんど国の法律を一生懸命解釈して学生に伝えている。教育・研究の世界においてもっと条例に取り組む、ローカルルールの在り方を考えるという流れを作っていかなければならないと思います。

　もう一つは実践だと思います。実際にもう作ってしまう。今までの歴史を振り返っても、その辺が言いたいために歴史的変遷を紹介しましたが、理論が先行するというよりも実際に違法かなと思われるような条例も地方は思い切って作ってしまっています。その作ったことを見て、なるほど、この条例は役立っている、従って解釈においても、裁判官もこれは適法と解釈する必要がある、地域においてこういう特別の必要性があるならば法律に抵触しないと解釈すべきだという理論がそのあとに出てくるのです。実践が先だったということが過去の経緯だろうと思います。

　壁を破った条例として、東京都公害防止条例、岡山県県土保全条例、神奈川県公文書公開条例、（大分県）湯布院町潤いのあるまちづくり条例、などがます。正直言って、当時はこういうものができるかどうかも危うかった。いろいろな議論があったところで、多少無理をして作っている。そのあと、理論がそれを助けてくれる、理論化するという流れがあったのではないかと思います。理論の取り組みと現実の取り組み、二つが必要だろうということです。

### 【質問7・辻山→礒崎】
### 割り切れない条例を制御する力をどのように担保しているか

ローカルルールの時代が来たという基調でお話しになって、挙げられた例はみんな時代を切り開いてきた素晴らしい条例ばかりです。実は11月5日・6日に島根大学で日本地方自治学会を開催致しました。韓国の学者の方と交流しておりますので、韓国の方をお呼びしてやるというのが私たちの学会のルールですが、島根県議会が竹島は日本のものだという条例を制定しまして、韓国がちょっとへそを曲げ来日しないという事態になって、結果的には何とか説得をして来てくれました。こういう困った条例はどうするのか。

あるいは、生活安全条例という名において、監視カメラを正当化する、あるいは不審者を見回るというような息苦しい条例。個人の人権を無視しかねないような条例。または、おやっと思うようなものとしては、例えば「子ほめ、嫁ほめ条例」という珍しいものがあります。自分の娘または嫁が30年間にわたって親を介護した場合には、何十万円かと同時に表彰状をあげますというものです。これは親孝行でとてもすてきですが、女性をそのようにほめていいのかという声が女性団体からも当然上がりまして、憲法上の問題にもなりかねない。

あるいは鳥取県では、犬猫を10匹以上飼っては駄目だという、これも乱暴なことで、これは飼育業者を含む近隣紛争の解決のためですが、やはりそのようには割り切れない条例が制定されてしまうような事例について、私たちは市民としてどのような制御する力を担保しているのか。少し考えておかなければいけないと思いますので、何かお考えがあればと思います。

### 【回答7・礒崎→辻山】
### ローカル・ルールはやり直しやすい

辻山先生からも大変重要なご指摘をいただきました。

条例、ローカルルールと言っても、いいものもあるかもしれないが、いろいろなもの、変なものもあるだろう。人権を制約するものとか、われわれの生活を事細かに規制したり、憲法上の問題、男女共同の問題なども含めたような条例も出てきているのではないか。こうしたものをどう制御していくか。

私は、事実としてはその通りだと思います。条例制定権があることを私は高らかに言っておりますが、逆に言うと権利がある、自由があるということは失敗の自由もあるわけです。もちろん失敗事例もこれから出てくると思います。そういう意味ではローカルルールにも悪法はあると思います。

ただ大事なのは、失敗したときに取り戻す、修正することが大事だと思います。その点でもローカルルールにはメリットが三つあると言いまして、住民の声を反映できることを二つ目に挙げました。従って、悪法ができてしまった場合には住民がこれをただすことも可能であります。国の法律をやり替えることは大変です、大変なエネルギーが必要です。

従って、ナショナルルールを変えることは非常に難しい話ですが、ローカルルールであればやり直しが利く。失敗もしますけど、やり直しも比較的やりやすい。そのやり直せという市民の力が大事ではないかということで、最後に「市民の自治力」と言わせていただきましたが、市民が監視していく必要があるのではないかと思います。

従来であれば、これを総務省が指導してくれればいいじゃないかと考えたかもしれませんが、それだと逆戻りでありますから、ローカルルールにも問題はありますが、それをチェックするのは市民である、あるいは議会における多様な議論であると思います。

# Ⅲ　新たな自治構築のための議会改革の視点

江藤　俊昭（山梨学院大学）

## はじめに　―議会・議員をめぐる最近の動向

本日のシンポジウムのタイトルは「市民自治の制度開発の課題」となっています。よく市民自治というと、市民参加、住民参加をもっと充実させよう、住民投票を充実させようという議論になります。その意味では執行機関、つまり首長と住民との関係をもっと密にしましょう、協働しましょうという議論となります。

でも、議会を無視して自治は成り立ちません。その意味で、新たな自治構築のためには住民と議会と首長がそれぞれパワーアップすることは当然ですが、同時に協力のあり方、協働のあり方を少し考えていきたい。

正直言って、議員の方が思っていらっしゃるほど、市民は議会が何をやっているか分からない。これは宣伝の仕方が悪いとか、透明性がないだけではなくて、議会のあり方をもう一度再構成しないと、今後の新しい自治の中で取り残されてしまうのではないかと思っています。

ちょうど今、第28次地方制度調査会が最終の答申を出すために今盛んに議論しています。この中に久しぶりに、検討項目として「議会のあり方」が入っています。大都市制度などは議論されることはあったのですが、議会についてはほとんどなかった。この議会のあり方を少し考えようと、ようやく第28次地方制度調査会で議論されています。しかし残念ながら微調整で終わりそうです。要するに本当に小さなレベルです。常任委員会の一人一委員会制をやめるとか、委員会として条例案の提出ができるとかいった程度の話にしかなっていません。

根幹にかかわる問題、議会を招集するのに議長ができないという「議会の招集権」の問題。議会を開催する時間的余裕のないときには首長がそれを決めてもいい「専決処分」の問題。地方自治体にとってかなり大きな問題は残されたままです。そのような制度は本来変えなければいけない。ところがなかなか変えられない状況です。ぜひ関心を持っていただいて議会改革を考え提案をしていただければと思います。

## 1　議会をめぐる状況

### ①　住民参加と議会…住民参加の充実が議会を蚊帳の外に

地方議会は、議決のさまざまな権限を持っています。従って、議会が頑張れば自治体はかなり良くなる。逆の方向で頑張られても困るのですが、どういう方向で議会は頑張る必要があるか。そこが恐らくポイントになってくるのではないかと思います。

ただ、そのときに、議会改革の方向性が見えない中で、地方分権改革以降、自治体はさまざまな改革を行っています。自治体の行政改革、住民参加制度の充実などの先駆的な、要するに改革派知事・市長が行っているさまざまな改革は、むしろ議会を「蚊帳の外」に置いてしまうのではないか。

市民参加や協働が議会の力を発揮できない状況をつくり出していることがあげられます。市民参加、住民参加、協働を充実することを盛んに行っている自治体があります。例えば三鷹市で、議会の議決事件である基本構想を策定する時に、市長が全員公募で市民を３７５人集めて、２年間にわたって練り上げた基本構想案を議会に提案しました。議会はもちろん議論するのですが、その中で協働を積極的に進めようと思っている議員でさえも、「自分たちはいったい何だろう」と考えてしまうのです。もう既に市民がいろいろ議論して、執行機関と調整を行ったものを議会はなかなか否定できないのではないか。

要するに議員の中にフラストレーションがたまる。住民参加を私も積極的に賛同して応援しようと思うのですが、本来議会でしなければいけない討議がなかなかできなくなっている。これをどのように考えたらいいか。

### ② 行政改革と議会・ＮＰＭによる改革が議会を蚊帳の外に

もう一つは行政改革、その中でもとりわけニュー・パブリック・マネジメント、ＮＰＭと略されていますが、民間の手法を行政改革の中に導入して政策評価、事務事業評価を行って合理的な自治体運営手法を取り入れていきましょうというものです。これは先駆的な自治体が行っている。

どういうことかというと、民間の手法を導入する。だから、民間でできるものは民間で行うことが前提になるのですが、そのほかに戦略的な目標を決めて、いつまでに何％削減する、住民満足度は何％向上させるという数値目標を決めて執行を行い、それをまず目標が達成されたかを基準に内部で評価する。そして内部で評価したものについて、今度は外部で評価する。例えば事務事業外部評価委員会で、公認会計士、弁護士、大学の教員などがその事務事業を一つ一つチェックして評価作業を行っています。それに基づいて、翌年度は更にこういうことをやりましょうと、数値目標をまた修正しながら行っていくという手法です。

ここで、議会はどこにいるのでしょうか？　最も合理的、先駆的な自治体運営の中で議会は政策過程になかなかかかわれない。もう少し言いますと、議会は事務事業評価委員会がいろいろ議論したものについて、「こういう議論をしているが、これについてどう思うのか」という程度しか質問しないわけです。もっと言いますと事務事業評価委員会のほうが議会よりも余程厳しいと言われます。このように先駆的な自治体改革を行っている中で、議会はなかなか力を発揮できないような状況があります。

本来、議会はさまざまな権限を持っています。議会が「うん」と言わなければ動かないのです。それにもかかわらず、政策決定の大事なときに登場できる舞台がなかなかうまく設定されていない。そういうときに議会をどのように考えていくのか。地方自治の原則に基づいて、本来の議会の役割を再確認して、その役割をもう一度取り戻していく必要があるのではないかという提案を今からさせていただきたい。

## 2　地方政治の誤解

日本の地方自治の原則を考え、そこから解き明かしていくとかなりすっきりと今後の議会のあり方が見えてくるのではないかと思っています。

### ①　国会の縮小コピーとしての地方議会

地方議会の議場も国会の議場を模写し縮小コピーしたもの、そして答弁の仕方も国会とかなり似ている。更には議員バッジを着けている。地方議会で議員バッジをつけていることは世界的に見てもあまりない。地方自治体のバッチや独自の議員バッジなら分かりますけれど、全国市議会議長会や町村議会議長会が作ったバッジをつけている。国に属しているわけではないのですから、本当に作りたかったら自分のところで作ってやればいいと思っています。

## ② 国会との相違点

ともかく地方議会は国会を模写したようにイメージをされるのですが、国政の原理と、議会も属した地方自治の原則はかなり違うのです。だから、それに合った議会のあり方を考えたほうがいいのではないか。

国政は議院内閣制です。これは議会の多数派、いわゆる与党が内閣を作り出していくわけですから、与党には内閣を守るという責務があると思います。少数派は、野党ということで内閣を打倒して新しい政権を作り出す。議会内部に、多数派の内閣を守っていく与党と打倒する野党が存在しています。

地方自治体の場合は二元代表制です。機関対立主義とも言われていますが、執行機関と、議会という議事機関が緊張関係にある、二つの機関が対立することを前提にしています。だから、住民から選ばれた市長サイドの執行機関と住民が別に選んだ議会は、同じ住民から選んでも、そこに協調関係もあるかもしれませんが緊張関係があることを前提にしている考え方です。したがって、議員がみずからの意見や政策の実現という観点から、与党的に活動することはわかりますが、常に首長を守っていこうという姿勢は、この構図からいっても変なわけです。

全世界でいうと国政レベルは一院制のほうが多いそうですが、民主主義制度を早期に採用したいわゆる先進諸国では二院制が多い。これは議会内部でチェック・アンド・バランスを行って議会の暴走を防ぐという意味があると思います。しかし、市町村レベルでは世界的に見ても、一院制です。日本の場合、二元代表制の下で首長と議会とがチェックアンドバランスの関係にある。議会が暴走しない制度となっています。それ以上に、住民から近いという理由があると思います。

だから、国政レベルとは異なり、さまざまな直接民主主義の制度が地方自治に採用されています。まず、難しい言い方をしますと、「国民代表制の原理」です。ひとたび選挙区から選挙して選んだら、その有権者が１００％辞めろと言っても、辞める必要はないのです。当選すればすぐに国民全体の代表になってしまう。でも、地方レベルはそうした制度を採っておりません。任期途中であっても、「嫌だ」と言えば議会を解散させ、議員や首長を解職させる直接請求制度、いわばリコール制度によって辞めさせることができます。

自分たちが法律を作ろうと思っても、国会レベルでは住民は署名を集めても法律を国会に直接は出せません。しかし、地方レベルでは条例案を住民が地方自治体に直接出すことができます。しかも、憲法第93条で議会を設置しろと書いてあるのに、自治法第94条では「町村においては議会を設置しなくて、有権者による住民総会でもいい」と書いてあります。だから、国政とは異なり地方レベルの制度はかなり直接民主主義を導入した制度となっています。

もう少し言いますと、憲法95条の「特別法の住民投票」、一つの自治体にかかわる法律を作るときに衆議院と参議院を通過しただけでは法律にならない、こうした地域の住民投票に掛けて過半数を得なければならないとなっています。普通、議会の議決を得るということでしたら何となく分かるのですが、憲法によれば、地域の重要事項を決めるときは住民投票に掛ける。住民の意向こそがそこの地域の総意だという、重要事項の決定に際しては、議会にも代表されないという発想をしているわけです。だから、国政レベルの議論と地方レベルの発想はかなり違うのではないか。議会のあり方もその点から考えたほうがいい。

## 3　協働型議会の構想

こうした地方自治の原則を議会に具体的に当てはめたときにどんな制度設計ができるのか。政策過程における協働型議会の位置という表がありますが、議院内閣制ではなく二元代表制、いわば機関対立主義の特徴、および二院制でもなく一院制という特徴から、住民が選んだ首長、要するに執行機関と議会は緊張関係にある。だから、議会に政策提案を行ったり、監視をしたりする役割がおのずと出てくる。それを私は「監視型議会」という言い方をしています。政策提案と監視を行うものです。

議会は住民が直接選んだ市長とか知事と緊張関係にありながら協力していくという意味で、首長との協働。協働という言葉を使うと緊張関係がなくなってしまうという心配なところもありますが、緊張関

表　政策過程における協働型議会の位置

| 中央政府の制度 | 自治体の制度 | 協働型議会 | | | |
|---|---|---|---|---|---|
| | | 機能（原則） | | 直接的手法 | 間接的手法 |
| 議院内閣制 | 二元代表制 | 監視型議会（住民が直接選出した首長との協働） | 議事機関としての議会＝討議（熟議） | 地方自治法第96条1項の議決（予算・条例等）<br>同法第96条2項の活用（追加）<br>同法2条の議決（基本構想）<br>条例案の提出 | 執行の監視<br>組織・人事の監視<br>政策評価 |
| 二院制の議会 | 一院制の議会 | | | | |
| | | アクティブ型議会（住民との協働） | | 情報公開<br>市民モニター制度<br>参考人・公聴会の活用<br>議会による住民懇談会の導入 | 住民自治の促進 |
| 代表制民主制 | さまざまな直接民主制の導入 | | | | |

係を持ったうえでの協力、そういうことを考えています。

もう一つは、一院制の特徴とさまざまな直接民主主義の導入といった特徴から住民と直接協働する議会が想定できます。国会のように、ひとたび選んだら4年間なり6年間任せてしまうというレベルの話ではなくて、地方議会では常に住民が、議会にかかわってもいいのではないか。だから、住民と議会が協力し合う関係を便宜上、「アクティブ型議会」という言い方をします。

これは開放型議会でもいいし、住民参加型議会でもいいのですが、そう言うと議会を透明にしましたとか、CATVで放映しています程度にしか考えられないので、少し違う言葉を作ろうということで「アクティブ型議会」としています。これは直接、

図　協働型議会の概念図

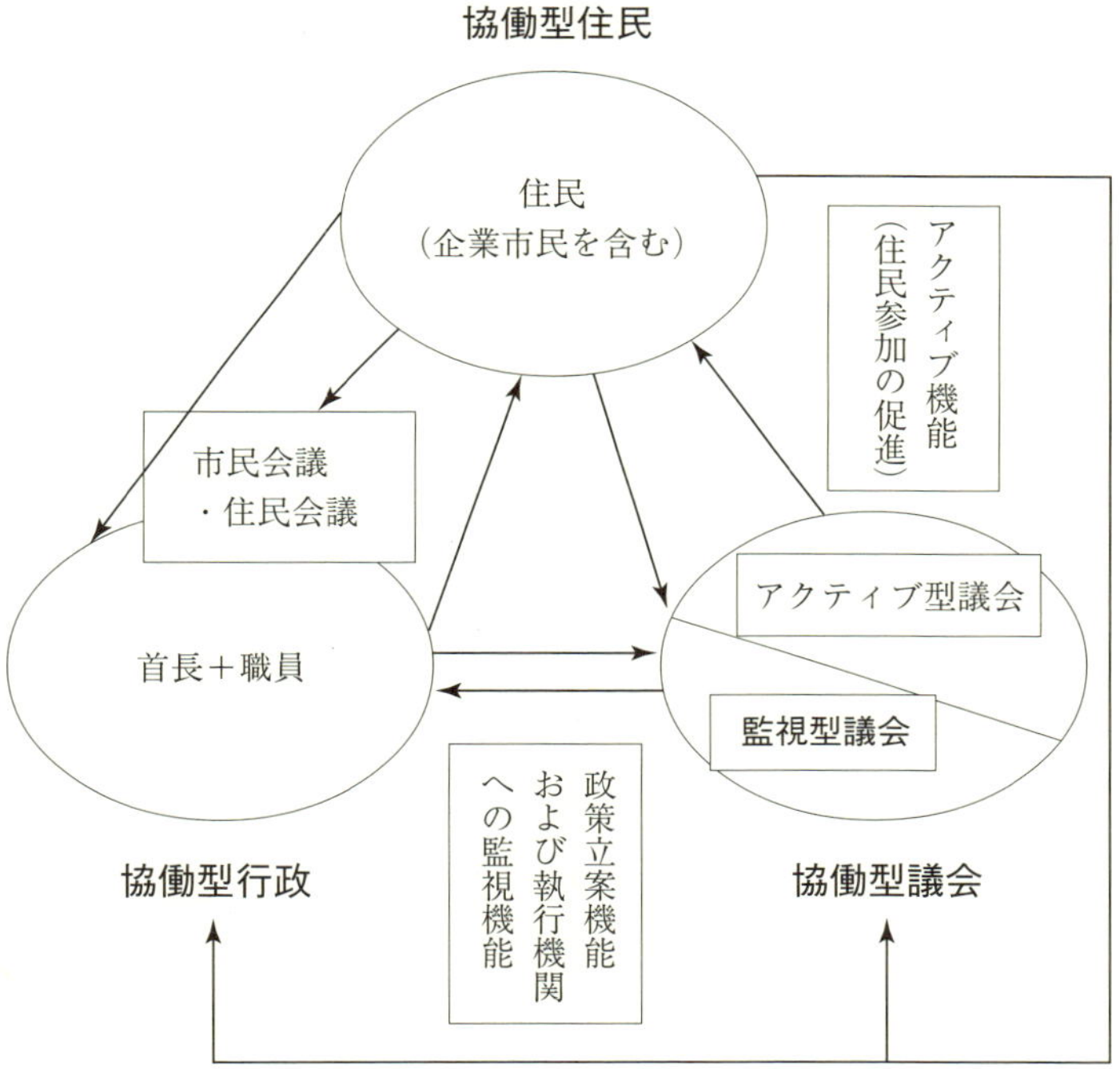


住民と一緒になる協力関係にあることを踏まえて、議会の役割を発揮することです。

監視型議会とアクティブ型議会が今後必要になってくる。そして両者をあわせて協働型議会と呼んでいます（図参照）。なぜなら、監視型議会は、住民が直接選出した首長とチェックアンドバランスを行うという意味で住民と協働する。また、アクティブ型議会は住民が直接議会に参加するという意味で住民と協働するからです。この協働型議会の実現を考えてみたいと思います。

## 4　協働型議会の実現

監視型議会を強めていく制度として今、一問一答方式の議会のあり方や議場を対面式にしていくことはよく言われていることです。でも、それと同時に、議会の議決事件、議会の議決にかかわる事項を更に増やしましょうということも、いくつかの自治体で既に行っています。地方自治法第96条の１項にかなり細かく議会の議決する事柄が書いてあるのですが、第96条の２項は「議会の議決に追加することを条例で決めてもいい」と書いてあります。今のところ議会の議決事項で政策として重要なものに基本構想と予算がありますが、その間の基本計画、都市計画マスタープランは議会の議決事項ではありません。政策として重要であるこれらを議決事項に付加して、常に執行機関をチェックしていくことも考えられます。

先程、条例について礒崎先生が２％とか５％しか議員提案が出ていないというお話でした。議員の条例提案はすごく大事です。したがって、条例案を提出できる議員を支援する制度が必要です。しかし、そうはいっても細かいことで難しいことがあります。何もできないかというと、もちろん勉強して提案することも大事だと思いますが、三重県議会が行っている、例えば「福祉の側面を重視して執行機関は計画を練る必要がある」という決議を上げて、政策を方向づけそれをチェックしていくような新しい政策サイクルというやり方も考えてもいいのではないでしょうか。何でもすべて条例提出を議員がやらなければいけないと、私は今のところ思っているわけではありません。やったほうがいいでしょうけども、ほかのやり方もあるでしょう。

アクティブ型議会という意味で、現行法では難しいこともありますが、例えば、議員が住民と一緒になって議論するという場所だって本当は設けていいはずです。本会議では今のところできないという解釈になっています。ちなみに、アメリカの市議会では当たり前のこととして、本会議で議場の前に議員が座っていて、向かいあって住民が座っている。議員の議論が終わったあとに「住民の方たち、何か意見がありませんか」と言ってくれる。そして、そこで議員と住民が議論をしながら、最終的にイエスかノーかということを議員一人一人が表決していくわけです。このようなイメージがアクティブ型議会の一つのやり方です。

住民参加の仕掛け、先程辻山先生が言われましたが、二つの回路のうち一つの回路である住民の議論を議会が受け取るようなやり方も今後できるのではないかと思っています。議会がもっと開放型にならないと、先程言った住民参加の充実の中で「蚊帳の外」に置かれることになってしまうのではないかと思います。

今、住民参加が充実してくると、個別の利害が執行機関に直接入ったり、議会全体が受け止めたりしている。その結果、個別陳情型の議員はもはやあまり役立たない。だから、議員には全体的・長期的な視点での調整をし決定を行い、責任を持って監視をしていく重要な役割があるのではないか。それを行うためには、やはり利害を背負っている議員も必要かもしれませんが、少し意見交換もしながら意見の修正も加えられるような議員像を今後どのように開拓していくか。それが今後のポイントになるのではないかと思っています。

監視型議会の充実によって、先程お話ししたニュー・パブリック・マネジメントによる議会の「蚊帳の外」は何とか突破できるだろう。また、アクティブ型議会によって、住民参加の充実によって議会が「蚊帳の外」に置かれている状況も突破できるのではないかと思っています。そして、議会本来の在り方である公開と討論がますます鋭く機能することができる議会像が今後のあり方として考えられるのではないかと思っています。

私は今、構想のようにお話ししましたが、例えばアクティブ型議会の事例の一つして、宮城県の本吉町では議会が終わった4月ごろに年1回、議会報告会を行っています。北海道の栗山町でも同じように議会報告会を行っています。四日市市では、議会が市民モニター制度を置いています。公募で市民を集めて、議会基本条例についてモニター制度を行って、その声を積極的に議会に反映させることをやっています。文京区では、執行機関の付属機関である基本構想の審議会が議会と協力しながら、住民と一緒になって体育館で討議集会を行いました。

だから、アクティブ型議会にせよ、地方自治の原則を再確認し、自治を充実させることは、全くできないわけではない。今後こうした発想があればさまざまな改革はできるのではないでしょうか。

## 【コメント及び質問・回答】

### 【辻山氏からのコメント】

辻山　議会の問題を真正面からこのように報告を聞くのは久しぶりでした。結局のところ、私は報告で合意形成の方法を開発しなければいけないと言いましたが、つまり合意形成のための討議をして、何が合意されたかを社会全体に対して表出し、宣言していく。それに公定力というか、正式の力を持たせていくのは議会を通らなければしょうがないわけです。これは言ってみれば、合意形成の終着点であり、形成された内容の出発点となるにもかかわらず、私たちは実に軽視し過ぎてきたと思っています。

アクティブ型議会という大変積極的な提案ですが、私は今回の市町村合併でやったことは何かといえば、市町村議員の数を減らすことであったと思います。数を減らして何が獲得されていくのか。獲得されていくのは当然議員歳費だと思いますが、失われていくものをきちんと押さえておかないと。どうもアクティブ型議会というのは残された少数精鋭でやるんですかという感じがしてなりません。

今、合併によって新しい庁舎を建てるという議論をしているようですが、問題は議会の形、つまり建物を変えなければ駄目ではないかということを、今のご報告で示唆を受けました。今までは議員同士が対面で議論するような議場になっていない。議員がこちらに、執行部が向こうにずらっと並ぶ対面型の構造の中で、どうやって議員同士が議論するのか。私語をするわけではないので、隣の人とひそひそ話をしてもしょうがない。建物の構造を変えなければいけない。チャンスです。合併で新しい庁舎を建てるときには、議場の形を議員同士が議論できるようにする。

もう一つは「傍聴」、これは訓で読むと「傍らで聴く」というわけですが、市民を傍らに置いておいて何をする気だと思います。これも形が悪いと思います。どうしても傍らに置かれている。そろそろこの構造についてきちんとした議論をして、設計図を市民から提案することが必要になってきたとしみじみ思いました。

## 【回答・江藤→辻山】
## 議員定数も議場も自由に決める発想を

**江藤**　辻山先生から、合併について最大の効果は議員の人数を減らしたことではないかというお話がありました。戦後、地方議員がこの合併前まで6万人に減っているのですが、ずっと減ってきてどこが一番適正な値なのかの議論が今までなかったのです。それにもかかわらず、今回の合併でまた、がたっと減って、どのぐらいが議員数の適正水準なのかよく分かりません。

ただ、このときに少し考えたいと思っているのは、村松岐夫学習院大学教授が「議会が議論をするためにはやはり少数精鋭がいいんだ」という言い方をしています。執行機関に対して、もう一つのパワーセンターである議会を作るとすれば、それなりの少数精鋭がいいだろうと明確に言っています。辻山先生はそれに対して、恐らくニュアンスとしては「そんなことでいいのか」という話をされていると思います。

どのぐらいの規模が適切なのかは正直、私は分かりません。一応考えているのは、議会はもう一つのパワーセンターであることが大事だし、住民の意向を尊重して議論して、長期的な視点で提案をして決定ができるシステム、そのぐらいの人数の規模は必要だと思っています。

住民の意向の尊重を強調した場合は、人数が多いほうがいいだろうという議論が成り立ちます。しかし、今のさまざまな住民参加の導入を積極的に評価するとすれば、別に議員の定数を増やさなくても、いろいろな仕掛けができるだろうと思っています。

では、人数が少なければ少ないだけパワーがアップするかというと、それもまたどのぐらい少なければいいか、どのぐらいが適正水準なのかは分からないのです。ゼミなどで議論するときに10人ぐらいがいいのではないかと私は思っています。10人が定数というわけではなくて、本会議中心主義でやるとすれば10人から15人ぐらいでしょうか。ほとんどの所で行っている委員会は3委員会を置いていますから、それに×3ぐらいではないか。そのように考えていますが、どれが妥当か分からないところが正直あります。

議場などについても積極的に提案していく面白い事例としては、市町村合併特例法の時に人数が90人とか１００人を超えてしまった場合には体育館でやっていたのです。だから、別に固まった議場を置く必要はなくて、体育館でやってもいいということです。もう少し言いますと、執行機関に質問するときには対面式でもいいし、議会で議論するときには円形とかコの字形というように議場を変えてもいいと思う。だから、それこそ住民が議員と一緒になって議論したほうがいいのではないかと思っています。

ともかく、議員定数は地方自治法で上限が決められています。また、議場の多くは慣例で国会を模写したものとなっています。市町村合併で地方政府が大きく変るとき、議員定数や議場を考えるよい機会です。議員定数も議場も市民が自由に考え決めていくことが必要になっているのではないでしょうか。

### 【質問・辻山→江藤】
### ローカルルールを作るという最終的な議会の役割と「監視型議会」あるいは「アクティブ型議会」構想の関係は？

礒崎さんがご報告されたローカルルールを作るという最終的な役割は議会にあると思いますが、そのことと監視型議会、あるいはアクティブ型議会と言われる構想との関係をどのように理解したらいいかという点についてご示唆をいただきたいと思います。

## 政策形成機能を高めるためにはどういう工夫が必要か？

また、議会の政策形成機能。ここでは行政監視の機能と政策形成機能とお分けになりましたが、その政策形成機能を高めるためにはどういう工夫が必要かについてご示唆いただきたいと思います。

たくさんのポイントがあろうかと思います。もちろん議員にも条例論あるいは政策的なことも勉強していただく必要があるでしょう。そして、実は市民の中にも専門家が結構いたりします。町づくりの問題を議論していると、市民の中に詳しい方がいらっしゃる。そういう方に議員になってもらったらいいのではないかということもあるかと思います。議員のリクルートメントをどうするか。事務局の体制が今のままでいいか。いろいろな論点があるかと思いますが、一番大事なものというか、今ご提案できることが何かありましたら、議会の政策形成機能を強化するための切り札、対応策をご提案いただきたいと思います。

## 【回答・江藤→辻山】
## 議員も討議する訓練を

辻山先生のお話が、政策立案能力を高めるためにはどうしたらいいか。即効性のある方法について言われましたが、難しいなと思います。私は、議員に自営業とか農業者が多いというのは変で、多くの方が参加すればいいと思っています。

普通の市民というのは専門性を持っているわけですから、その専門性と市民性を持って、公共性に積極的にかかわる意欲と、選挙で当選するネットワークだけが普通の市民とは違って、あとは議員になれると思っています。ただ、今は実際上選挙制度とか議会の開催日とかで無理です。即効性のある方法として一般的に言われていることは、議会事務局を充実させる、政務調査費を充実させることがあるかもしれません。

先程、辻山先生が合意のシステムで、諸外国の抽選によるものを事例として出され、ドイツのものについて紹介されていました。自治体が計画を練るときに、プラーヌンクスツェレと言う、英語で言うと「プランニングセル」ですか、抽選で１００人ぐらい選んで集中的に議論する仕掛けを持っています。それは専門家がその市民の人たちに講義をする時間と自分たちで議論する時間、そして政策提案をする時間があります。

その中で議員の人たちが何と言ったかというと、「私たちにもこれをやらせてくれ」と言ったのです。ドイツの議員の方はドクター号を持っている人たちが結構多いのですが、そういう人たちが本会議で無理ならば、研修でもいいですから集中的に専門家の意見を聴くような場所を設けて議論して、修正をすればいい。これを活用できないかと私はその時に思いました。それはいかがでしょうか。

だから、議員がみんな知っている人で、偉い方は勉強しなくてもいいというのだったら別で、現実はそうなっていないものですから、そうして一緒になって勉強するシステム、今のようなかたちを市民の人たちだけではなくて議会の議員が積極的にやればいいのではないでしょうか。議会の存在意義は討議によって政策を生み出し決定することです。議員も討議する訓練が必要になっています。

### 【質問・礒崎→江藤】
### 執行部が行う住民参加と議会が自ら行う住民参加の仕組みはどのように違うのか？

アクティブ型議会という魅力的な概念をお出しになりました。その中で、住民参加などの仕組み、むしろ外に出ていく積極的な新しい議会像をお示しになったと思います。そうすると、二元代表制ですから、既に首長部局のほうも住民参加の手続きをやっています。特に象徴的なものはパブリック・コメント制度がかなり多くの自治体で導入されております。これは、例えば条例案を提案する前に、この原案を住民に公表して意見を聴きます。聴いて、丁寧な場合には修正したかどうかをもう一度住民にお返しする。条例ですから、最後は議会が決めるのですが、首長さんが議会に提案する前に住民の意見を相当聴く。中には、そこに何千何百件の意見が来て、それに対して一応の対応をして、いわばかたちを整えて議会に提案するわけです。

議会にとってみれば、このように根こそぎ住民の声を聴いておきながら、もう一回議会が、例えば公聴会、あるいは参加者に発言を求めるという住民参加の手続きを取ると、それはダブるのではないか。執行部が行う住民参加と、議会が自ら行う住民参加、協働の仕組みはどのように違うのか。それは重なってもいいということなのか。それとも質が違うのか、その点をお聞きしたい。

**【回答・江藤→礒崎】**

### 執行機関と議会が何も別々にやる必要はない

アクティブ型議会は二度手間ではないか。前にお話しした時にそう言われたことがあります。そうかなと正直思っているところもありますが、執行機関がそういうことをあまりやっていない所は、議会が積極的に先進的にやってもいいでしょうという答えが一つです。

もう一つは、執行機関と議会が何も別々にやる必要はないと思っています。もちろん、私は機関対立主義を強調していますが、そうはいっても住民から見れば同じ自治体です。だから執行機関と議会も一緒になって話を聞いていく、共催でもいいではないでしょうかという短絡的な言い方もしております。二度手間、同じことをやる必要はないかもしれないですけど、そういうことで積極的にやる意味があるのではないかと思っています。住民参加や協働は、執行機関の専売特許ではないはずです。

### 【質問・礒崎→江藤】
### アクティブ型議会と議場外議員活動のあり方は？

議員としての議場内での本来の仕事についてお話しいただいたと思います。議員はもう一方の側面として、一人の住民でもありまして、さまざまな地域活動と連携することが少なからずあろうかと思います。先生もご報告の中で、従来の議員の陳情型の活動についてはこれからあまり必要ないというお話がありました。

そういう面もあると思いますが、私自身はさまざまな住民と接する中で、住民のニーズとか地域の中ではこういうことがうまくいっていないという問題を発見して、執行部に伝えていく、媒介機能が大変重要な議員の役割だったのではないか。それは議場で直接質問する場合もあるでしょうけれど、それ以外に執行部に直接行って、職員に対して、「こんなことがあるんだけど、これはどうなっているの？」と聞き、そして「もうちょっとこういうことを工夫したほうがいいのではないか」という細かなことではありますが、そうした機能を議員は果たしておられたのではないか。

そういう議場外での議員活動の在り方について、アクティブ型議会ではどういうことをしたらいいのか。特に町内会との関係とか、ＮＰＯなどのテーマ型の市民活動と議員はどういう関係になるのか。連携したらいいと思いますが、本当に連携できるのか。さまざまな議員活動をどのようにしていったらいいのかについてご示唆をいただければと思います。

辻山先生が先程おっしゃったように、合併で議員が明らかに減ったのです。そうすると、実はそういう媒介機能といいますか、地域のきめ細かなニーズを行政に届けるという仕組みは明らかに脆弱化した、線が細くなった、パイプが取り払われたか、小さなパイプになってしまったという可能性もあるものですから、これから議員は更に活動量を増やさないといけないと思います。議員活動のあり方について、特に地域との連携・接点をどう持つかということをお話しいただければと思います。

**【回答・江藤→礒崎】**

### 地区代表としてではなく社会活動を担う地域リーダーとしての役割が議員には必要

**江藤**　議員像は難しいところです。地区の陳情は、政策提言の側面はありますが、むしろ選挙運動と連動しています。陳情的な議員活動は、住民参加の充実によって、その役割を小さくしました。そこで、選挙と議員活動の関係を考えなければならないと思っています。議員は昔から明確な規定がなくて、名誉職なのか、専従職なのか、なかなか分からない。それに報酬というお金が絡んでいるから、また分からなくなっています。要するに専門性を持った市民が議員になればいいと思っています。その「選挙活動で忙しくて議員活動ができません」。「先生が言うほど、議員活動ができません、選挙活動で忙しいんですから」という言い方をされます。これでは専門性を持った市民が議員になれない。

その選挙活動はどういうことかというと、小学校・中学校の入学式・卒業式に出る、あるいは何かの集まりに出る、選挙にとって必要だという出方をするから大変だと思います。住民も、わが地区の代表として議員を見ていた。しかし、何度も強調するように、陳情としての要望は、議員を通さなくても政策過程に入るようになった。議員は、地区代表ではないことの再確認が必要です。したがって、議員自身は、みずからのポリシーの実現のための市民活動を含めた活動と、全体的長期的視点で討議する能力が要求されるようになっている。情熱を持った個人的なポリシーに基づく社会活動や公共的な活動と、議員活動を連動させる議員をイメージしていいのではないかと思っています。

それと同時に、辻山先生が「ローカルルールを作り出すときに議会はどんな役割?」といったときに、個別的な陳情型の要望を議会で議論して、一般質問で首長にやりますという答弁を引き出すというレベルの話ではなくて、いろいろな要求が議会に入ってくるわけですから、それを長期的・全体的な視点で議論できるような能力を持った議員であってほしいし、そうした議会である必要があると思っています。

## 会場からの質問

【会場からの質問】　市民参加がしやすい方法はないか？

市民参加の自治が必要だということは再三お聞きしたのですが、現実、われわれ市民が自治・行政に参加しようとすると非常にしにくい仕組みになっています。例えば、今度合併します市においては地域協議会ができるわけですが、これ辺りも専門家と地域の古老、権力者、公募なんかはほんの握り、その公募も市長の選定です。ということは、市長に対して批判的な人間は採用されない。そういったかたちで、われわれ市民の参加をうたいながらも、現実は非常に参加しにくい。あるいは県で、パブリック・コメントをいろいろなことで提案しているわけですが、パブリック・コメントの内容をオープンにしてくれと言ったら、それはインターネットで見てください。われわれ高齢者はインターネットを見ることができないわけです。

そういうかたちで仕組みに何か欠陥があるような気がします。それはどういうかたちで市民参加がしやすいような方法にしたらいいのか。その辺のご意見をお伺いしたいと思います。

## 【回答】　自治基本条例で原理原則を立てる

**辻山**　その問題は全国共通で、多分何十年もいら立ってきたのです。ようやくそのいら立ちに決着をつけようと言い出して総合的な自治体の憲法を作ってしまおうという動きになってきているわけです。

要するに原理原則を立てる。市役所の中にある情報は、市民がそこに手を出せば見る権利はあると高らかにうたってしまう。参加の機会は平等に保障される。そのようなことをとにかく打ち立ててしまおうという運動が、自治基本条例の制定に今向かっているのです。

どうすれば、そのような自治基本条例を作る機運になれるかといえば、市民が声を上げ続ける。基本条例に反対する市長を落とす。積極的ではない議員を落とす。このような方法です。言い続けていただきたいと思います。

## 【会場からの質問】　「住民総会」選択の可能性は？

江藤先生へのご質問です。先程の議会と対峙した中で住民総会という話がありました。今から市民自治という社会を作る中で、これを選択する可能性はあるのでしょうか。

**【回答】 現行では町村でのみ可能。議会と併存して住民集会のようなものを設置してもよい。**

**江藤**　先程言ったのは、自治法94条に憲法で認められている議会を置かなくてもいいと書かれている。そのお話をまずしました。今言われたのは、それを使うことができるかということですが、今の自治法を前提とした場合、町村にしかできないのです。都道府県や市では、議会を住民総会にかえることは法令上できません。その上で市町村での住民総会の活用法について考えたい。私はどういうふうに思っているかというと、全員が集まって議論することも必要ですが、やはり少人数で議論しながら論点を明確にして、第三の道を作り出していくという議会の役割は必要だと思っています。

だから、仮に置けたとしても議会みたいな合議体、自分たちが選挙で選んだ、正統に選挙されたという言い方をしますが、そうした合議体を恒常的に持っていることがいいのではないかと思っています。ただ別立てで、そうした住民総会のような住民集会とか住民が議論できるような場所を設けることは今後必要になってくるのではないでしょうか。

**河中二講氏〔行政研究センター初代所長〕**　感想みたいなコメントですが、お許しください。今お話を伺って、私は大変勉強になりました。特に最近、分権化が言われていて非常に進んでいるという側面を教えていただきました。特にいろいろな地域で変化がある。住民参加も相当それなりに行われているということを知って大変勉強になりました。

ただ、問題を少し感じましたのは、今どなたかからのご質問でありましたように、市民参加と言うけれどもいったい一般の住民の意見はどうなっているのか。これは私も実感としていつも持ってきたわけです。地方自治法ができてから60年近くですが、その間ずっと私はそういう疑問がありました。地方自治法そのものは非常にいい法律が最初に制定されたのですが、ほとんど実態がそれに追い付かないことを長い間見てきました。

そこで最近になりますと、先程江藤さんがおっしゃったＮＰＭの問題、つまり行政改革を市長を中心に市役所の執行部でマネジメントとしてやってしまうことが、果たして住民にとってどう理解されるか。議員がそのときにどう介入できるか。そういう深刻な問題です。

長のリーダーシップが言われていて、なるほど長のリーダーシップは非常に民主的になり得るのですが、それもチェック機能が働いていないというときにどうするのか。例えば町村合併のように、町が一方的にリーダーシップをやる、住民投票をやると否決される。このような事例を見ますと、やはり地方自治はいろいろ問題を抱えていると感じて、おさん方の報告にもそれが含まれていました。

特にマニフェスト選挙を地方議会で果たしてどのぐらい普及できるか。これは普及したほうが面白いと思うのですが、そういう大きな課題があることを感じました。これは質問にも何もなりませんで、私の感想です。

私の考えでは、日本の地方自治のルール化はまだ相当時間がかかるのでくたびれてしまう。私はもう60年、この問題を扱ってきているのですが大変にくたびれた。しかし、ここまで来たのですから、今のおさん方の報告にあるように、ここまで進んだということは見込みがないのではなくて、これをもっと早く進める必要があるのではないか。

実は行政研究センターを当時、大学に提案して学長がお作りになったのですが、これはシンクタンクという最近の言葉がありますが、このように学問の専門家、実際の専門家、一般の勉強家、そういう人たちが集まって研究会をやる。これが今日の非常に大きな収穫だと思っています。ぜひ、この討論を公表して一般の市民にもなるべく知らせていただく方法があればと期待致します。

（拍手）

## 最後に一言

**中井**　ありがとうございました。最後に、パネリストの先生方に、おっしゃっておきたいことがございましたら一言でお願い致します。辻山先生からお願いします。

### 議員の数の重み

**辻山**　私は議員の適正規模という議論をしようとしているわけではありません。ただ一つだけ事実をご紹介します。この国に地方自治制度ができたのは明治21年の法律によってでございました。この時に、例えば山形県米沢市では議員の数は30名、有権者の数は2千名でした。70人に1人の議員が選ばれていた。もちろん制度も違いますし、役割も違います。しかも有権者は公民という限られた人々でしたが。このあいだデータを調べましたら、その米沢市は現在、議員数が28名、有権者数が七万数千人、おおむね2700人に1人。このことをどう考えるか。

単なる算術の問題ではなくて、私たちが政府を構成している主権者であるという政治の側面から考えるとき、この数字はやはり重いものがあると考えているところです。そのことを最後に申し上げたいと思いました。

## 身近な問題から突破口を開けていこう

**礒崎**　「市民の自治力」が「ローカルルール」とどうかかわるかについて、最後にまとめにたいと思います。自治力というと、何か大きなことを申し上げたように聞こえたかもしれませんが、私はこのローカルルールの問題も自治力の問題も身近な問題から壁を破っていく必要があるのではないかと思います。例えば、私は横浜に住んでおりますが、最近は斜面にマンションが建って景観が悪くなる、あるいは、せっかく今まで残ってきた緑がなくなるということで市民が声を上げ始めた。横須賀でもそういう問題があります。そういう問題が次第に市役所にも伝わっていきまして、町づくり条例を作るとか、建築基準の条例で厳しい基準を作るという動きがあります。最近は景観法もできています。これをどう使うか、景観についてきちんと確保していく仕組みをどう作っていくか。

福祉もいろいろな問題を抱えているわけでして、その問題が出たときには必ず法律がかかわっている。背後に法律がある。そこで、「ああ、法律があるんだったらしょうがない」とあきらめてしまわないで、どうしてそんな法律があるの、自治体も違う法律を作ればいいじゃないか。このようにもう一歩進めていただけると突破口になっていくのではないかと思います。

そういう突破口を開くことが政策法務を実現したり、ローカルルールを豊かにしていく、ひいては日本が集権的な仕組みではなくて、地域の個性ある政策なり、町づくり・村づくりが進められていくことにつながると思います。身近な問題から突破口を開けていこうと提案して、終わりにしたいと思います。

## 市民自治の制度開発は徐々に認知されてきている

**江藤**　今日のテーマは「市民自治の制度開発」で、新しい先駆的な事例を含めて報告があったと思います。その意味では、日本もなかなか新しい動きがあるなという夢のある側面とまだまだ厳しいぞという側面がある。その両方を押さえなければいけないのではないかと思います。

ただ、明らかに時代は流れ、市民自治の制度開発はある意味では徐々に認知されてきています。ちょうど今日も、「甲府市自治基本条例をつくる会」の方が数人来てくださっています。これも私からすると、何でこんなに早く進んだのかというびっくりするような動きがありました。

エピソードを言いますと、一昨年、私のゼミ生が甲州弁という方言で自治体の憲法を作ろうと市長に提案しました。市長ももともと考えていたのかもしれないのですが、少し動かそうということで、企画のほうで議論され始めたのです。どういうやり方が一番いいかと企画の方が考えて、恐らく冒険だったと思いますが、山梨県で初めて全員公募でつくる会を発足させました。そのことで外国籍の方も入っています。アメリカの方、中国の方も入っています。しかも、全員公募によるつくる会と市長とがパートナーシップ協定を結んで協力関係でやりましょうと。

本当に自治体の憲法を作ろうということですから、協働条例や市民参加条例というレベルではなくて、もう少し総合的なものを作ろうではないかと議論しています。

その意味では今後、そうした市民がずっと言い続けることも大事ですし、市長にも呼びかけていく、議会にも呼びかけて緊張関係を保ちつつ、協力・協働する。そうした自治力が育っている。自治力に基づいてローカル・ルール制定が実現できるような時期を迎えているのではないか。そのように最近感じていることを述べて終わりたいと思います。どうもありがとうございました。（拍手）

本稿は２００５年11月17日（木）に開催された山梨学院大学行政研究センター公開シンポジウムの記録に補筆したものです。

【執筆者紹介】

○辻山　幸宣（つじやま・たかのぶ）
　地方自治総合研究所理事・主任研究員、中央大学講師、早稲田大学講師。

　1947年生まれ。

　中央大学大学院法学研究科修士課程修了。地方自治総合研究所常任研究員、中央大学法学部教授を経て、現職。

　主な著書に『自治体の構想4・機構』（共著、岩波書店）、『住民・市民と自治体のパートナーシップ（全3巻』（編集代表、ぎょうせい）、『自治・分権システムの可能性』（共著、敬文堂）、『政策法務は地方自治の柱づくり』（公人の友社）など多数。

○礒崎　初仁（いそざき・はつひと）
　中央大学法学部教授。

1958年生まれ。

　東京大学法学部卒業。同大学院法学政治学研究科政治専攻専修コース公共政策Ⅱ修士課程修了。神奈川県職員を経て現職。

　主な著書に『分権時代の政策法務』（北海道町村会、1999年）、「分権時代の焦点は都道府県にあり」『都道府県を変える！』（ぎょうせい、2000年）、『政策法務の新展開』（編著、ぎょうせい、2004年）、その他多数。

○江藤　俊昭（えとう・としあき）
　山梨学院大学法学部政治行政学科教授、博士（政治学、中央大学）
1956年生まれ。
　中央大学大学院法学研究科博士後期課程満期退学。
　主な著書に『自治を担う議会改革　住民と歩む協働型議会の実現』（イマジン出版）、『協働型議会の構想　ローカル・ガバメント構築のための一手法』（信山社）、『自治体と地域住民との協働』（共著、ぎょうせい）、『分権型社会の政治と自治』（共著、敬文堂）など多数。

地方自治ジャーナルブックレット No. 41

**市民自治の制度開発の課題**

**― 自治のルールと自治体法務 ―**

---

２００６年７月２０日　初版発行　　　定価（本体１１００円＋税）

企画・編集　山梨学院大学行政研究センター

発行人　武内　英晴

発行所　公人の友社

〒112-0002　東京都文京区小石川５－２６－８

ＴＥＬ０３－３８１１－５７０１

ＦＡＸ０３－３８１１－５７９５

Ｅメール　koujin@alpha.ocn.ne.jp

http://www.e-asu.com/koujin/

---

# 公人の友社のブックレット一覧

（06.7.20現在）

## 「地方自治ジャーナル」ブックレット

No.2
**政策課題研究の研修マニュアル**
首都圏政策研究・研修研究会
1,359円 [品切れ]

No.3
**使い捨ての熱帯林**
熱帯雨林保護法律家リーグ　971円

No.4
**自治体職員世直し志士論**
村瀬誠　971円

No.5
**行政と企業は文化支援で何ができるか**
日本文化行政研究会　1,166円

No.7
**パブリックアート入門**
竹田直樹　1,166円 [品切れ]

No.8
**市民的公共と自治**
今井照　1,166円 [品切れ]

No.9
**ボランティアを始める前に**
佐野章二　777円

No.10
**自治体職員の能力**
自治体職員能力研究会　971円

No.11
**パブリックアートは幸せか**
山岡義典　1,166円

No.12
**市民がになう自治体公務**
パートタイム公務員論研究会
1,359円

No.13
**行政改革を考える**
山梨学院大学行政研究センター
1,166円

No.14
**上流文化圏からの挑戦**
山梨学院大学行政研究センター
1,166円

No.15
**市民自治と直接民主制**
高寄昇三　951円

No.16
**議会と議員立法**
上田章・五十嵐敬喜　1,600円

No.17
**分権段階の自治体と政策法務**
松下圭一他　1,456円

No.18
**地方分権と補助金改革**
高寄昇三　1,200円

No.19
**分権化時代の広域行政**
山梨学院大学行政研究センター
1,200円

No.20
**あなたのまちの学級編成と地方分権**
田嶋義介　1,200円

No.21
**自治体も倒産する**
加藤良重　1,000円

No.22
**ボランティア活動の進展と自治体の役割**
山梨学院大学行政研究センター
1,200円

No.23
**新版・2時間で学べる「介護保険」**
加藤良重　800円

No.24
**男女平等社会の実現と自治体の役割**
山梨学院大学行政研究センター
1,200円

No.25
**市民がつくる東京の環境・公害条例**
市民案をつくる会　1,000円

No.26
**東京都の「外形標準課税」はなぜ正当なのか**
青木宗明・神田誠司　1,000円

No.27
**少子高齢化社会における福祉のあり方**
山梨学院大学行政研究センター
1,200円

No.28
**財政再建団体**
橋本行史　1,000円

No.29
**交付税の解体と再編成**
高寄昇三　1,000円

No.30
**町村議会の活性化**
山梨学院大学行政研究センター
1,200円

No.31
**地方分権と法定外税**
外川伸一　800円

No.32
**東京都銀行税判決と課税自主権**
高寄昇三　1,000円

No.33
都市型社会と防衛論争
松下圭一　900円

No.34
中心市街地の活性化に向けて
山梨学院大学行政研究センター
1,200円

No.35
自治体企業会計導入の戦略
高寄昇三　1,100円

No.36
行政基本条例の理論と実際
神原勝・佐藤克廣・辻道雅宣
1,100円

No.37
市民文化と自治体文化戦略
松下圭一　800円

No.38
まちづくりの新たな潮流
山梨学院大学行政研究センター
1,200円

No.39
ディスカッション・三重の改革
中村征之・大森彌　1,200円

No.40
政務調査費
宮沢昭夫　800円

No.41
市民自治の制度開発の課題
山梨学院大学行政研究センター
1,100円

## 「地方自治土曜講座」ブックレット

### 《平成7年度》

No.1
現代自治の条件と課題
神原勝　900円

No.2
自治体の政策研究
森啓　600円

No.3
現代政治と地方分権
山口二郎　［品切れ］

No.4
行政手続と市民参加
畠山武道　［品切れ］

No.5
成熟型社会の地方自治像
間島正秀　500円

No.6
自治体法務とは何か
木佐茂男　［品切れ］

No.7
自治と参加アメリカの事例から
佐藤克廣　［品切れ］

No.8
政策開発の現場から
小林　勝彦・大石和也・川村喜芳
［品切れ］

### 《平成8年度》

No.9
まちづくり・国づくり
五十嵐広三・西尾六七　500円

No.10
自治体デモクラシーと政策形成
山口二郎　500円

No.11
自治体理論とは何か
森啓　600円

No.12
池田サマーセミナーから
間島正秀・福士明・田口晃　500円

No.13
憲法と地方自治
中村睦男・佐藤克廣　500円

No.14
まちづくりの現場から
斎藤外一・宮嶋望　500円

No.15
環境問題と当事者
畠山武道・相内俊一　［品切れ］

No.16
情報化時代とまちづくり
千葉純・笹谷幸一　［品切れ］

No.17
市民自治の制度開発
神原勝　500円

### 《平成9年度》

No.18
行政の文化化
森啓　600円

No.19
政策法学と条例
阿倍泰隆　［品切れ］

No.20
政策法務と自治体
岡田行雄　［品切れ］

No.21
分権時代の自治体経営
北良治・佐藤克廣・大久保尚孝
600円

No.22
地方分権推進委員会勧告と
これからの地方自治
西尾勝　500円

No.23
産業廃棄物と法
畠山武道　［品切れ］

No.25
自治体の施策原価と事業別予算
小口進一　600円

No.26
地方分権と地方財政
横山純一　［品切れ］

《平成10年度》

No.27
比較してみる地方自治
田口晃・山口二郎 ［品切れ］

No.28
議会改革とまちづくり
森啓 400円

No.29
自治の課題とこれから
逢坂誠二 ［品切れ］

No.30
内発的発展による地域産業の振興
保母武彦 600円

No.31
地域の産業をどう育てるか
金井一頼 600円

No.32
金融改革と地方自治体
宮脇淳 600円

No.33
ローカルデモクラシーの統治能力
山口二郎 400円

No.34
政策立案過程への「戦略計画」手法の導入
佐藤克廣 500円

No.35
98サマーセミナーから「変革の時」の自治を考える
神原昭子・磯田憲一・大和田建太郎 600円

No.36
地方自治のシステム改革
辻山幸宣 400円

No.37
分権時代の政策法務
礒崎初仁 600円

No.38
地方分権と法解釈の自治
兼子仁 400円

No.39
市民的自治思想の基礎
今井弘道 500円

No.40
自治基本条例への展望
辻道雅宣 500円

No.41
少子高齢社会と自治体の福祉法務
加藤良重 400円

《平成11年度》

No.42
改革の主体は現場にあり
山田孝夫 900円

No.43
自治と分権の政治学
鳴海正泰 1,100円

No.44
公共政策と住民参加
宮本憲一 1,100円

No.45
農業を基軸としたまちづくり
小林康雄 800円

No.46
これからの北海道農業とまちづくり
篠田久雄 800円

No.47
自治の中に自治を求めて
佐藤 守 1,000円

No.48
介護保険は何を変えるのか
池田省三 1,100円

No.49
介護保険と広域連合
大西幸雄 1,000円

No.50
自治体職員の政策水準
森啓 1,100円

No.51
分権型社会と条例づくり
篠原 一 1,000円

No.52
自治体における政策評価の課題
佐藤克廣 1,000円

No.53
小さな町の議員と自治体
室崎正之 900円

No.54
地方自治を実現するために法が果たすべきこと
木佐茂男 ［未刊］

No.55
改正地方自治法とアカウンタビリティ
鈴木庸夫 1,200円

No.56
財政運営と公会計制度
宮脇淳 1,100円

No.57
自治体職員の意識改革を如何にして進めるか
林嘉男 1,000円

《平成12年度》

No.59
環境自治体とISO
畠山武道 700円

No.60
転型期自治体の発想と手法
松下圭一 900円

No.61
分権の可能性
スコットランドと北海道
山口二郎 600円

No.62
機能重視型政策の分析過程と
財務情報
宮脇淳　800円

No.63
自治体の広域連携
佐藤克廣　900円

No.64
分権時代における地域経営
見野全　700円

No.65
町村合併は住民自治の区域の
変更である。
森啓　800円

No.66
自治体学のすすめ
田村明　900円

No.67
市民・行政・議会のパートナー
シップを目指して
松山哲男　700円

No.69
新地方自治法と自治体の自立
井川博　900円

No.70
分権型社会の地方財政
神野直彦　1,000円

No.71
自然と共生した町づくり
宮崎県・綾町
森山喜代香　700円

No.72
情報共有と自治体改革
ニセコ町からの報告
片山健也　1,000円

《平成13年度》

No.73
地域民主主義の活性化と
自治体改革
山口二郎　600円

No74
分権は市民への権限委譲
上原公子　1,000円

No.75
今、なぜ合併か
瀬戸亀男　800円

No.76
市町村合併をめぐる状況分析
小西砂千夫　800円

No.78
ポスト公共事業社会と自治体
政策
五十嵐敬喜　800円

No.80
自治体人事政策の改革
森啓　800円

《平成14年度》

No.82
地域通貨と地域自治
西部忠　900円

No.83
北海道経済の戦略と戦術
宮脇淳　800円

No.84
地域おこしを考える視点
矢作弘　700円

No.87
北海道行政基本条例論
神原勝　1,100円

No.90
「協働」の思想と体制
森啓　800円

No.91
協働のまちづくり
三鷹市の様々な取組みから
秋元政三　700円

《平成15年度》

No.92
シビル・ミニマム再考
ベンチマークとマニフェスト
松下圭一　900円

No.93
市町村合併の財政論
高木　健二　800円

No.95
市町村行政改革の方向性
～ガバナンスとＮＰＭのあいだ
佐藤克廣　800円

No.96
創造都市と日本社会の再生
佐々木雅幸　800円

No.97
地方政治の活性化と地域政策
山口二郎　800円

No.98
多治見市の政策策定と政策実行
西寺雅也　800円

No.99
自治体の政策形成力
森啓　700円

《平成16年度》

No.100
自治体再構築の市民戦略
松下圭一　900円

No.101
維持可能な社会と自治
～『公害』から『地球環境』へ
宮本憲一　900円

No.102
道州制の論点と北海道
佐藤克廣　1,000円

No.103
自治体基本条例の理論と方法
神原勝　1,100円

No.104
働き方で地域を変える
～フィンランド福祉国家の取り組み
山田眞知子　800円

《平成17年度》

No.108
三位一体改革と自治体財政
岡本全勝・山本邦彦・北良治・逢坂誠二・川村喜芳　1,000円

No.111
コミュニティビジネスと
建設帰農
松本懿・佐藤吉彦・橋場利夫・山北博明・飯野政一・神原勝
1,000円

## TAJIMI CITY
## ブックレット

No.2
転型期の自治体計画づくり
松下圭一　1,000円

No.3
これからの行政活動と財政
西尾勝　1,000円

No.4
構造改革時代の手続的公正と
第2次分権改革
手続的公正の心理学から
鈴木庸夫　1,000円

No.5
自治基本条例はなぜ必要か
辻山幸宣　1,000円

No.6
自治のかたち法務のすがた
政策法務の構造と考え方
天野巡一　1,100円

No.7
自治体再構築における
行政組織と職員の将来像
今井照　1,100円

No.8
持続可能な地域社会のデザイン
植田和弘　1,000円

No.9
政策財務の考え方
加藤良重　1,000円

## 朝日カルチャーセンター
## 地方自治講座ブックレット

No.1
自治体経営と政策評価
山本清　1,000円

No.2
ガバメント・ガバナンスと
行政評価システム
星野芳昭　1,000円

No.4
政策法務は地方自治の柱づくり
辻山幸宣　1,000円

No.5
政策法務がゆく！
北村喜宣　1,000円

## 政策・法務基礎シリーズ
—東京都市町村職員研修所編

No.1
これだけは知っておきたい
自治立法の基礎
600円

No.2
これだけは知っておきたい
政策法務の基礎
800円

## 地域ガバナンスシステム・
## シリーズ
（龍谷大学地域人材・公共政策開発システム
オープン・リサーチ・センター企画・編集）

No.1
地域人材を育てる
自治体研修改革
土山希美枝　900円

No.2
公共政策教育と認証評価システム—日米の現状と課題—
坂本勝　編著　1,100円

No.3
暮らしに根ざした心地良い
まち
野呂昭彦・逢坂誠二・関原剛・吉本哲郎・白石克孝・堀尾正靭
1,100円